U0901128

国家交通重大工程档案西藏公路卷

国道109线

那曲至拉萨公路改建工程那曲至羊八井段

工程档案

《国家交通重大工程档案》编辑部　编著

图书在版编目（CIP）数据

国道 109 线那曲至拉萨公路改建工程那曲至羊八井段工程档案 /《国家交通重大工程档案》编辑部编 . —北京：方志出版社，2021.12

（国家交通重大工程档案 . 西藏公路卷）

ISBN 978-7-5144-5048-4

Ⅰ . ①国…　Ⅱ . ①国…　Ⅲ . ①高速公路—道路工程—工程档案—西藏　Ⅳ . ① U415 ② G275.3

中国版本图书馆 CIP 数据核字（2022）第 045469 号

·国家交通重大工程档案西藏公路卷·

国道109线那曲至拉萨公路改建工程
那曲至羊八井段工程档案

编　　者：《国家交通重大工程档案》编辑部
责任编辑： 李　静

出 版 者： 方志出版社
地址　北京市朝阳区潘家园东里9号（国家方志馆4层）
邮编　100021
网址　http://www.zgfzcb.cn
发　　行： 方志出版社图书经销中心
电话（010）67110500
经　　销： 各地新华书店
印　　刷： 北京地大彩印有限公司

开　　本： 787 × 1092　1/16
印　　张： 13.25
字　　数： 235千
版　　次： 2021年12月第1版　　2021年12月第1次印刷
印　　数： 900册

ISBN 978-7-5144-5048-4　　**定价：** 690.00元

《国家交通重大工程档案》

编纂说明

改革开放特别是党的十八大以来，我国综合交通事业发展突飞猛进，成就举世瞩目，已成为门类齐全、设施发达、设备先进、基数庞大、网络完备的交通大国，一大批交通重大工程建设项目不仅在中国乃至在世界交通发展史上都书写了辉煌、创造了奇迹。

为全面系统记录我国综合交通重大工程建设发展历程和现状，客观展示中国交通重大工程建设取得的巨大成就，深刻诠释“交通强国”的发展理念，生动反映我国交通建设者继往开来、砥砺奋进，朝着“交通强国”宏伟蓝图，朝着中华民族伟大复兴的中国梦，踏石留印，一路前行，经国家发展和改革委员会基础产业司（现为基础设施发展司，下同）批准，由《中国交通年鉴》社启动编纂《国家交通重大工程档案》（以下简称《重大工程档案》）。

《重大工程档案》分为综合卷和系列卷，系列卷由铁路卷、公路卷、水路卷、民航卷、管道运输卷、城市交通卷、企业卷、地方交通卷等组成；采取纪实性大型资料工具书形式，以文字、图片、数据表格、效果图等方式，简要、系统、直观、立体地呈现我国交通重大工程建设取得的巨大成果。

《重大工程档案》记述对象从 1978 年改革开放开始，以国家综合交通“五年规划”为主线，筛选各建设时期具有重大社会效益、经济效益和具有代表性、标志性及科技创新性的重大交通工程项目为收录对象，重点以“十二五”规划接转项目和“十三五”规划在建、竣工的重大工程项目为主。编纂内容主要包括项目基本情况、审批依据、建设意义、投资主体、工程进度、新技术应用和项目评估等。

《重大工程档案》全套丛书彩色印刷，图文并茂，设计装帧精美，由国家级出版社公开出版发行。同时，呈送党中央、国务院、全国人大、全国政协领导和相关机构及国家有关部、委、局、署。

《重大工程档案》主要发行对象为各省区市发展改革委、交通运输部门及相关建设单位等。编纂《重大工程档案》对于建立综合、权威的国家交通重大工程数据库，为政府决策机构提供翔实的参考数据并存史资政，宣传推广我国综合交通行业取得的重大成就和科技成果，具有重要的历史价值和现实意义。

《重大工程档案》指导单位为国家发展和改革委员会基础产业司，组织单位为《中国交通年鉴》社《国家交通重大工程档案》编委会，编纂单位为《中国交通年鉴》社《国家交通重大工程档案》编辑部。

编纂《重大工程档案》得到了国家有关部委，中央国有大型企业，各省、自治区、直辖市有关厅、局、委及交通重大工程建设指挥部、项目部和项目管理单位、建设单位、设计单位、施工单位、监理单位等有关领导、专家、学者、交通建设者的大力支持和帮助，在此一并表示感谢！

《国家交通重大工程档案》编委会

卷首语

一曲壮歌，传颂一个又一个时代，代代都有新的华彩。70 多年来，一代又一代的西藏交通人接续奋斗、历久弥坚的“两路”精神，在国道 109 线那曲至拉萨公路改建工程那曲至羊八井段再一次得到了新的诠释。

国道 109 线那曲至拉萨公路改建工程那曲至羊八井段，在平均海拔超 4500 米的青藏高原上，穿越 226.937 千米、145 座桥梁，克服恶劣气候、季节性冻土等重重艰难险阻，凿穿长逾 6000 米的羊八井 2 号隧道，经过 36 个月的奋战，将沿线区域带进了设计时速 120 千米与祖国其他省市相连的“高速时代”。成就了一条西藏交通建设史上，单个项目里程最长、投资额度最多、技术难度最大、等级标准最高的新天路。

与 70 多年前结束了西藏没有公路历史的先辈们相比，新一代的建设者们拥有了高压氧舱、各式各样的工程机械，而“一不怕苦、二不怕死，顽强拼搏、甘当路石，军民一家、民族团结”的“两路”精神始终不变。

他们在科技攻坚之路上，埋头苦干、攻坚克难，与科研院所携手奋进，依靠创新搬开工程建设的阻路石，将路面品质和耐久性推上新高度，打磨清洁能源在高原交通设施中应用的实施方案，开辟高原冻土地带建设高速公路的新天地。

他们直面西藏生态环境脆弱、公路建设环保压力巨大的挑战，在呵护生态环境、绿水青山上锱铢必较、不懈追求：精心选线选址，严格施工管理，以尽可能减少对环境的破坏；设置可供牲畜和野生动物通过的涵洞，使沿线牧业完全不受工程建设影响，野生动物的迁徙和活动也保持着原有的规律；在施工前先行将草皮剥离并善加保养，待完工后进行复植，实现了植被的快速恢复。

他们在增进民族团结、兴边富民上不忘初心，帮助沿线百姓增收，为沿线村庄打下甜水井，向沿线小学捐赠物资，组织力量抢险救灾，将打造“民族团结之路、西藏文明进步之路、西藏各族同胞共同富裕之路”，贯穿于新天路的建设始终。

他们凭借坚韧、智慧、勤劳，打通了那曲至拉萨高速公路这一青藏大通道的重要节点工程，高标准对接了这条西藏融入国家“一带一路”区域经济一体化发展的生命线。

国道 109 线那曲至拉萨公路改建工程那曲至羊八井段的建成，使拉萨通往藏北高原的第一条高速公路——G6 京藏高速公路那曲至拉萨段得以全线通车（羊八井至拉萨段全长 68 千米，已于 2020 年 10 月 1 日通车）。驱车从拉萨到那曲所需时间由以往的 6 个多小时缩短至 3 个小时，加快了以拉萨为中心的 3 小时综合交通圈的形成。完善了区域路网结构和功能，从而大幅带动沿线经济的发展，改善沿线百姓的生产、生活条件，为沿线百姓带来更多增收致富的机会，使广大农牧区群众在交通大发展中真切体会到获得感、幸福感、安全感。

西藏交通事业的蓬勃发展，“两路”精神的传承和发扬，是中华民族伟大复兴的丰碑和明证。值此中国共产党百年华诞、西藏和平解放 70 周年的历史时刻，特将国道 109 线那曲至拉萨公路改建工程那曲至羊八井段建设的全过程编纂成书，为西藏乃至全国交通建设留下史料和经验，为“两路”精神注入新时代的内涵，为创造历史的人们记录历史。

《国道 109 线那曲至拉萨公路改建工程那曲至羊八井段工程档案》编委会

全线最高点，位于海拔 4900 米的 K3640+800 处

最右侧为阿热湿地（位于 K3691+450 萨尔克 2 号大桥处），最左侧为青藏铁路，中间为国道 109 线

邻近念青唐古拉山观景台（海拔 4520 米，K3757+800 处）的路段。远处雪山即念青唐古拉山

跨青藏铁路特大桥，全长 1025.08 米，该桥的施工难点在于 40 米 T 梁上跨青藏铁路架梁施工

桑曲河特大桥（位于K3649+720处），跨越桑曲河，
桥长1165米。上部结构采用预应力混凝土简支小箱梁

目录

公路建设大提速　助推西藏大发展

——中央第六次西藏工作座谈会以来西藏交通运输事业发展成就

中央第六次西藏工作座谈会以来，在党中央的英明领导下，西藏自治区党委、政府和交通运输部认真贯彻落实习近平总书记关于治边稳藏的重要论述以及一系列重要指示批示精神，从全局和战略的政治高度，做出了加快推进西藏交通运输发展的一系列具体部署安排，对西藏交通运输工作给予了全方位的指导、支持和帮助，有力地推动了西藏交通运输事业全面提速、加快发展。西藏自治区交通运输厅党委、西藏自治区交通运输厅以中央第六次西藏工作座谈会为全新起点，大力传承和弘扬“老西藏精神”和“两路”精神，在抓紧抓实高速公路、“四好农村路”、国家边防公路建设的同时，全面统筹抓好抓细公路养护、运输服务、行业管理，取得了历史性成就。

中央第六次西藏工作座谈会召开后的五年，是西藏交通历史上公路投资规模最大、公路基础设施建设最快、管理服务水平显著提升、交通支撑保障作用持续增强、人民群众得实惠最为明显的时期，为西藏经济社会发展、维稳固边、民生改善、民族团结、凝聚人心，夯实了坚实基础，为西藏决战脱贫攻坚、决胜全面小康，实现中华民族第一个百年奋斗目标发挥了交通先行的重要作用。

一是固定资产投资实现大跃升。“十三五”期间，全自治区完成交通运输固定资产投资 2516 亿元，是“十二五”期间的 3.7 倍。公路交通在全自治区固定资产投资中占比 30% 以上。公路交通促进经济社会发展的先行引领与投资拉动作用凸显。“十三五”期间，西藏自治区公路通车里程达到 11.88 万千米，创造了年均增长 8100 千米的高原奇迹。

二是助力脱贫攻坚实现大增效。深入贯彻落实习近平总书记关于“四好农村路”建设的重要指示精神，西藏自治区交通运输厅党委、西藏自治区交通运输厅以“思路围着脱贫转、项目向着农村调、资金朝着攻坚增、目标盯着精准干、公路为着小康建”的思路，大力发展农村公路和农村客运。五年来，西藏累计实施农村公路项目 3123 个，新改建农村公路 3.82 万千米，解决了 286 个乡镇、2905 个建制村、391 个易地扶贫搬迁集中安置点（区）道路连接线通畅问题。全国最后1个未通沥青路的县城墨脱县通了沥青路，全自治区最后1个未通公路乡镇甘登乡通公路；乡镇、建制村通达率达100%和99.96%，通畅率达93.7%和75.9%。提前实现具备条件乡镇和建制村全部通客车目标。累计吸纳农牧民转移就业58.69万人次，吸纳高校毕业生就业742人，真正做到了“修一条路、富一方民”。中央第六次西藏工作座谈会召开后的五年，是西藏历史上农村公路投资最大、建得最快、修得最好、老百姓得实惠最多的五年，广大农牧区群众在交通大发展中真切感受到了持续提升的获得感、幸福感、安全感。

三是高速公路建设实现大提速。2011年，拉萨至贡嘎机场高速公路通车，结束了西藏没有高速公路的历史。中央第六次西藏工作座谈会的胜利召开，引领着西藏高等级公路建设进入了高速发展时代。西藏先后建成林芝至拉萨、日喀则机场至日喀则市、贡嘎机场至泽当、八一镇至米林机场4条高等级公路，昌都至加卡高速公路于2020年10月30日建成通车，拉萨至日喀则机场高速公路有望2023年投入运营，将实现拉萨、日喀则、山南、林芝4地市通高速公路，形成以拉萨为中心的3小时经济圈；拉萨、日喀则、山南、林芝、昌都5地市机场通高速公路，区域协调发展能力和综合交通运输体系得以快速提升。截至2021年8月21日，西藏高等级公路里程达到1105千米，对促进西藏融入“一带一路”倡议，建设面向南亚开放大通道，发挥了极为重要的支撑作用。

四是“两路”精神增添大能量。“两路”精神是西藏交通人的“传家宝”，是西藏交通运输事业发展的不竭动力。西藏交通运输系统深入贯彻落实习近平总书记对川藏、青藏公路建成通车60周年做出的重要批示精神，以“两路”精神纪念馆为红色基地，筑牢了“红色基因”，打造了“红色品牌”，释放了“红色能量”。2019年11月12日，“两路”精神纪念馆被国家民委命名为“第六批全国民族团结进步教育基地”。开馆以来，200余家单位的干部职工、部队官兵、企业员工、离退休老同志共1.3万余人前来观展，为西藏精神文明建设和民族团结教育植入“红色基因”。在“两路”精神的鼓舞下，区交通运输厅系统先后圆满完成了“4·25”尼泊尔地震、既有G109线唐古拉山段阻断、“10·11”金沙江堰塞湖、林芝尼西森林山火等特大运输保障等急难险重抢险保通任务45次。

五是“十四五”规划引领大跨越。在当前和今后一段时期，西藏交通运输部门将进一步把握新发展阶段、贯彻新发展理念、构建新发展格局，围绕“稳定、发展、生态、强边”四件大事，把“三个赋予、一个有利于”要求贯穿交通运输工作各个方面，不断弘扬“老西藏精神”“两路”精神，高质量推进“十四五”规划落地见效，为推动西藏长治久安和高质量发展提供坚实的交通运输保障。

“十四五”期间，西藏将加快公路交通重大项目建设，建设更多的“团结线、幸福路”，加大推进进出藏通道建设，除了完成 G6 青藏高速那曲至拉萨段、G4218 拉萨至日喀则机场高速公路、G219 墨脱至察隅段等项目建设外，还要深化 G6 格尔木至那曲、日喀则至吉隆，G0613 昌都至邦达机场等项目前期工作；完成川藏公路 G318、新藏公路 G219 以及滇藏公路 G219 西藏段提质改造；打通 G219 待贯通路段，实现全自治区国道全部黑色化；完成川藏铁路配套公路项目建设；加强国防、边防交通保障能力建设，为强边固防、兴边富民提供有力保障。

西藏还将巩固脱贫攻坚成果，服务乡村振兴战略，全面推动“四好农村路”建设，扎实开展“我为群众办实事”实践活动，2021 年年底前解决好全自治区 55 个行政村硬化路“最后一千米”问题；“十四五”期间，力争实现全自治区 100% 的乡镇和 88% 的建制村通硬化路，力争更多乡镇、建制村通客车，努力解决城乡发展不平衡不充分问题，让西藏各族群众的获得感成色更足、幸福感更可持续、安全感更有保障。

力争到“十四五”末，西藏公路通车总里程和高速公路通车里程分别达到 120000 千米和 1300 千米，西藏国道全部黑色化，实现所有乡镇、建制村通硬化路。

中央第六次西藏工作座谈会以来的五年里，西藏交通运输系统牢固树立以人民为中心的发展思想，坚持新发展理念，取得的成就令世人瞩目。这些成就的取得是以习近平同志为核心的党中央亲切关怀的结果，是中央和国家有关部委倾力支持的结果，是全国人民无私支援帮助的结果，也是西藏各族人民和西藏交通人一起，在西藏自治区党委、政府的坚强领导下，传承和弘扬“老西藏精神”和“两路”精神、凝心聚力、苦干实干的结果。

西藏自治区交通运输厅将始终坚持以习近平新时代中国特色社会主义思想为指导，增强“四个意识”、坚定“四个自信”、做到“两个维护”，不忘初心、牢记使命，面对成就找差距、静下心来补短板，在新时代的奋进中找准新定位、展示新作为、勇攀新高峰，以迎难而上、敢打硬仗，交通先行、永不停步的实际行动体现对习近平总书记和党中央的绝对忠诚！

西藏自治区交通运输厅厅长

推动交通运输加速发展，助力西藏经济社会更大进步

——访西藏自治区交通运输厅副厅长陈朝

来到西藏，蓝天白云、雪域高原、风俗民情令人神往，但更令人叹为观止的还有蜿蜒曲折又气势磅礴的一条条“黑色长龙”，特别是绵延千里的川藏、青藏公路，穿山越岭，腾江跨河，书写了不朽的传奇。

作为西藏自治区交通运输厅的副厅长，陈朝深知责任之重大，使命之光荣。在陈朝看来，西藏交通最大的精神财富便是“两路”精神，有此作为依托，不论过去还是现在，一切困难都可以克服。特别是习近平总书记就两路通车60周年做出重要批示后，西藏交通运输厅更是紧紧抓住“两路”精神的传承弘扬，将其作为工作的重中之重，从上到下教育广大干部职工，鼓舞士气，推动工作。

陈朝表示，在农村公路建设方面，“十三五”期间，交通运输部给予西藏交通大力支持，特别是农村公路发展突飞猛进，74个县区实现“县县通油路”，乡镇通畅率达到93.7%，建制村通畅率达到75.9%；与此同时，“十三五”期间，为了提升农村公路安全通行水平，国家投资29.1亿元实施全区农村公路危桥改造与公路安全生命防护工程，对于减少交通事故，保障人民生命财产安全起了重大作用。

在高速公路建设方面，“十二五”期间，全区只有一条拉萨至贡嘎机场37.8千米的高等级公路，而在“十三五”期间，西藏则告别了没有高速公路的历史。虽然相比全国高速公路建设速度仍较为缓慢，但到2020年年底，高等级公路通车里程已突破1000千米。以拉萨为中心，辐射那曲、日喀则、山南、林芝的高等级公路以及支线网络将构建完成。

在陈朝的眼里，西藏交通的发展，离人民满意的交通特别是离偏远地区人民的出行需求还有很大差距，可谓任重而道远。究其原因，资金投入有限是最大的问题。目前，西藏交通建设最大的难点有四点：一是西藏自治区面积120多万平方千米，群众居住较为分散，公路建设里程相比其他省市更长。二是西藏公路建设都是国家全额投资，地方财政能力有限，公路建设资金不足，导致资金需求与供给之间不够平衡。三

是西藏作为“地质博物馆”，地形条件特别复杂，地质灾害特别多且严重，造成建设成本加大、难度加大。四是西藏生态脆弱，公路建设环保压力巨大。

陈朝认为，目前西藏亟待补齐的短板是高速公路，与新疆、青海、云南、四川的高速公路都还没有连接，下一步交通运输厅将力推川藏线作为重要工程，这一方面是为了落实交通运输部提出发展“绿色公路”的要求，另一方面也是基于公路的维护成本、使用寿命、安全运营等因素的综合考虑。同时，由于四川经济发展增速很快，川藏高速公路的建成对带动西藏社会经济的快速发展也将大有裨益。

对于西藏交通来说，每一条高速公路都可以称之为重点工程，但在陈朝看来，有两条高速公路特别值得关注。其一是拉日高速公路。交通运输部批复的拉萨到日喀则高速公路，作为国家“一带一路”倡议在西藏区域内唯一的一条高速公路，将辐射西藏第二大城市日喀则，同时连通阿里，打通至印度及尼泊尔的陆上通道，对于拉动经济、巩固边防都有非常重要的意义。同时，作为西藏平安交通、绿色交通、智慧交通的试点工程，交通运输厅给予高度重视，力求以高质量的精品工程呈现世人。拉日高速公路建设难度很大，桥隧比特别高，达到70%。施工难度极大，需穿越很多断裂带。同时，作为试点工程，工程进行中有针对性的试验性课题研究很多，又要兼顾施工进度，挑战非常大。其二是昌加高速公路。昌加高速公路是川藏公路的一部分，定位为支线高速公路。昌加高速公路的建成通车将极大地推动昌都经济社会发展，并成为扶贫攻坚的重要抓手。下一步，交通运输厅将推动与昌加公路连接的二级公路，满足更多人民群众出行的需求。昌加高速公路最大的难点在于澜沧江。昌都地形特点是山高谷深，可供公路利用的走廊带几乎没有，只能建设沿溪公路，而这也直接导致桥梁特别多，桥隧比高达70%。由于沿河布线，很多桩基都要建在水中，还要考虑行洪及阻水等诸多因素，水保问题特别突出。西藏交通部门还特别加强力量，以确保施工得以高质量顺利完成。同时，为了解决江水对于桩基造成的冲刷问题，施工过程中不但采取了许多新的工艺，而且开展了多项科研攻关，取得了良好效果。

陈朝认为，交通建设的快速部署实施，对于西藏经济发展的助力作用日益凸显，特别是对于扶贫攻坚工作尤其重要。近两年，交通运输厅始终把扶贫攻坚放在工作的首位，无论是脱贫奔小康还是乡村振兴战略，交通运输厅始终走在自治区前列，交通扶贫在西藏要永远排在第一位。因为只有公路修通，扶贫攻坚才能顺利开展，西藏交通扶贫工作得到了自治区和交通运输部的高度重视和充分肯定。

对于今后的工作，陈朝表示，虽然西藏交通建设交出了不俗的成绩单，但是，基础建设横向比较仍相对落后，交通建设仍任重而道远。西藏交通运输厅将按照自治区党委、政府的要求，积极争取进入交通运输部“交通强国”试点单位中去，力求推动西藏交通建设步入快车道，打造更为完善优质的公路基础设施网络，为西藏经济社会发展提供更强助力，发挥更大作用。

沿着英烈们的足迹前行

——西藏交通发展集团有限公司党委委员、副总经理、G6京藏高速公路那曲至羊八井段指挥长旺杰次仁

蜿蜒曲折的青藏公路，犹如一条黑色的丝带，穿过高耸入云的雪山、冷清荒芜的戈壁、圣洁无瑕的湖泊、辽阔沉静的草原，从西宁直抵拉萨，在青藏高原这块神秘美丽的土地上，将一路的风光、一路的故事串在了一起。旺杰次仁曾无数次驱车行走其间，也曾听闻无数关于先辈英烈们修筑这条天路的巨大牺牲与光辉业绩。但作为一名西藏交通人，他想的更多的，是能早日把这条公路建成高速公路，从而告慰众多长眠于此的英灵，续写新的荣光与辉煌。

2018年春天，实现梦想的机会来到了旺杰次仁手中。然而，手捧国道109线那曲至拉萨公路改建工程那曲至羊八井段高速公路项目指挥长的任命书，旺杰次仁除了兴

旺杰次仁（右）在项目现场向西藏交通运输厅厅长徐文强（中）、副厅长陈朝（左）汇报工作

奋，深知重任在肩，使命光荣，在信心十足之余，也有一定的担忧。

兴奋的是，交通运输厅党委和公司领导把这个艰巨的重担和重要的岗位交给自己，是组织上的肯定和信任。自己作为“两路”精神新传人，能够有幸参与指挥把青藏公路改建成高速公路，高起点、高标准、高质量地交出一份答卷，造福沿线农牧民群众，深感荣幸和自豪。旺杰次仁是公路工程科班出身，先后在公路养护基层一线，地市交通运输局、交通运输厅机关工作后，又回到他自己热爱的公路建设一线，除负责管理过片区农村公路建设项目外，前后担任过三个高等级公路建设项目的指挥长，积累了在西藏高原上建设高等级公路的近十年的宝贵实践经验。

担忧的是，虽然自己曾先后担任过日喀则机场至日喀则市段高等级公路项目、羊八井至大竹卡项目和昌都至加卡高等级公路项目的指挥长，也在日喀则机场高等级公路项目中创下了“零安全事故、零举报投诉、零环境污染、零拖欠民工工资”的“四零”业绩，但在国道 109 线那曲至羊八井段高速公路，这个西藏交通建设史上建设意义最重大、海拔最高、单个项目建设里程最长、建设标准最高、项目投资最大、技术难度最大的项目上担任指挥长，面对这条英烈们用鲜血和生命筑成的青藏公路进行现代化的改建，要做到精益求精，也是面临着困难重重，难度可想而知。

那曲至羊八井段高速公路是国道 109 线那曲至拉萨公路改建工程中的一部分，是西藏自治区“十三五”规划的重点项目。那曲至拉萨高等级公路是国家高速公路网 G6 的重要组成部分，也是青藏大通道的重要节点工程，“两路”精神的发祥地之一，其建设更是落实习近平总书记新时代中国特色社会主义思想和“治国必治边，治边先稳藏”战略的具体体现，全面实现“两个一百年”和“全面小康”奋斗目标的重要举措，对巩固国防，维护社会稳定，促进沿线经济发展，改善农牧民群众的生产、生活条件，完善区域路网结构和功能等具有重要的意义。

曾经的青藏公路，是先烈们用鲜血和生命铸就的。1950 年初，10 多万人民解放军、工程技术人员和各族民工以高度的革命热情和顽强的战斗意志，用铁锤、钢钎、铁锹和镐头，劈开悬崖峭壁，征服大河险川。在 5 年的时间里，3000 多名英烈捐躯高原。筑路大军以“让高山低头，叫河水让路”的大无畏的革命英雄主义气概，创造了世界公路修筑史上前所未有的奇迹，完成了人类公路建设史上的伟大创举，形成了“一不怕苦、二不怕死，顽强拼搏、甘当路石，军民一家、民族团结”的“两路”精神。

今天、作为“两路”精神传承人，旺杰次仁将在先烈们战斗、牺牲的地方，继续铺路架桥，把青藏公路改造成崭新的现代化高速公路！他心中憋足一股劲儿，誓要继承和发扬“一不怕苦、二不怕死，顽强拼搏、甘当路石，军民一家、民族团结”的“两路”精神，坚守西藏一代代交通人“人在路上，路在心上”的人生坐标，以青春和生命养护“两路”安全畅通的高度责任感和使命感，把那拉高速公路那羊段建设成高品质现代化高速公路，做到无愧于先烈，回报党和人民的培养。

狼性管理，身先士卒

历经十多年施工一线的历练、管理过多个项目的旺杰次仁，也是懂技术、善管理的复合型人才。他深深懂得管理团队的重要性，他常说，指挥长再能干，也长不出三头六臂，也抵不过一个组织严密、团结奋进、永不言败的“狼团队”。而要带出一个真正的“狼团队”，指挥长就必须是“带头狼”，就必须具有冲锋在前、勇于奉献的精神。

在工程建设中，旺杰次仁时刻以“两路”精神自勉，充分发挥了“带头狼”的作用。他视工地为家，交工友为朋友，在征地拆迁协调大会上，在质量安全大检查中，在加紧工期建设工地上，在 QC 质量攻关研讨会上，时时能看到旺杰次仁不知疲倦的身影。

那拉高速公路那羊段的征地拆迁与协调难度极大，旺杰次仁多次组织各部门召开多层面的协调会，入户宣讲法律法规和政策，多次召开动员大会，最终签订了《征地拆迁协调工作委托协议》，并督促各级部门在征地拆迁过程中严格依法办事，落实责任。做到了依法、文明、和谐征拆，切实维护了群众的合法权益，维护了社会稳定，并将建设用地第一时间交付施工单位，为施工单位按时开工提供了必要条件。

二标一分部高压氧舱

深情暖心，全面推进

高原筑路，困难重重。高寒缺氧、生态脆弱、复杂地质三大难题如影随形。然而最让旺杰次仁头痛的，是严重的人员流失。

不仅工地人员严重流失，指挥部也面临着人员不足的情况。用工人的话说，在海拔 5000 米严寒缺氧的高原干活，实在受不了。经常来 100 名工人，过不了几天就只剩下十几个人。没有稳定的施工队伍，工程进度根本无法保障。如何留住人成为迫在眉睫的问题。

首先，旺杰次仁从改善伙食抓起，不仅让大家顿顿有滋有味，还特别注意营养搭配。其次，从生活细节上关心员工，给大家配备工服，既统一了形象，使精神面貌为之一新，又可保暖，穿在身上，温暖在心上。再次，投入100多万元为员工配置了高压氧舱。员工们下班后进入氧舱，精神状况大为改善。

试点有了成效，旺杰次仁立刻在全线进行推广。各施工单位、施工点上都相应配置了氧气系统。2标段中国交通建设股份有限公司更是配置了医务室，并和救援机构签订了直升机救援合同，解决员工就医问题，员工的情绪稳定了，人就留下来了。

但留住人仅仅是迈出了第一步。不光要留得住人，还要管得好人。

上任伊始，旺杰次仁便给指挥部立下了禁酒令，并和公司纪委、指挥部、总监办、项目部签订了《党纪廉政建设目标责任书》，明确各级党委廉政建设责任制的范围和内容，营造了反腐倡廉的良好氛围。

管好人，首先是要确保施工人员的人身安全。旺杰次仁制定了安全生产规程，并开展安全检查，把安全生产落到实处。同时，通过组织安全教育培训、严格实行持证上岗、积极开展交通普法教育等措施，有效地将各种安全隐患和事故苗头消除在萌芽状态，成功实现了安全零事故的预定目标。

人留住了，管理有了规范，旺杰次仁对公路的建设质量和工期提出了更高的要求。

通过对设计图纸仔细研究，旺杰次仁带领团队对原设计进行深度细化，提出所有施工项目、场站，包括预制梁、拌和站、碎石场、梁场、箱梁、路基等全部按照交通运输部颁发的标准建设，将那拉高速公路那羊段建成符合国家标准，达到国内先进水平的高速公路。

高原菜园子

高原冻土带来的建设难题对那拉高速公路那羊段项目提出了巨大挑战。旺杰次仁牵头组建了高原冻土QC小组，并联系科研院所共同攻关。通过研究，他们发现可以借鉴修建高原农村公路的成熟经验，少开挖或不开挖、尽量减少扰动或不扰动，以“保持温度，以冻治冻”的策略，为西藏高原冻土地带高速公路的修筑积累了丰富的实践经验。

在工程进度方面，旺杰次仁紧紧围绕项目总体计划目标，建立健全了各项管理制度和相关工作程序；组织各参建单位倒排工期、细化任务指标，紧抓落实。坚持多点施工，平行作业、采取“白加黑、5+2”措施，高效利用有效施工时间。在管理方式上，他采用分工明确、责任到人的模式，及时解决在施工组织、对外协调等方面存在的困难和问题，并开展劳动竞赛等活动，加大激励力度，确保了各阶段目标任务的圆满完成。

心系百姓，造福一方

旺杰次仁要求全体参工单位要秉承“企业要发展，也要承担相应的社会责任”的发展理念，想方设法服务群众，为群众提供便利。项目建设过程中，指挥部多次组织开展为贫困学生捐学习用具、捐衣物、送慰问金等活动，把党的温暖第一时间送到贫困学生手中。工地上的医务室一律向当地群众免费开放，极大方便了沿途群众就医。为帮助沿线群众增收，旺杰次仁按政策要求优先使用当地运输车辆和民工。

对于群众提出的要求、遇到的困难，旺杰次仁更是有求必应，时时处处为群众着想。一天早晨，一群藏族群众涌进了指挥部，反映因施工影响村道通行。旺杰次仁闻讯迅速赶到现场，当即表示不仅要为村里重新修一条村路，而且在原有村路基础上再加修一条绕村路。

还有一次，施工人员在甲根村因为喝山泉水闹了肚子，同时施工人员发现，当地农牧民群众也经常因为喝山泉水而拉肚子。旺杰次仁得知后，立刻协调施工单位，出资300多万元为村里打了8眼甜水井，彻底解决了这个困扰村民多年的顽疾。他只有一个心愿，就是“修一条路，富一方民”，为当地群众多做些好事。据不完全统计，那羊项目累计吸纳农牧民10404人次参工，为其增收7866多万元；使用当地机械设备3350台次，为其创收42565多万元。

绿水青山就是金山银山，这句话在西藏这片生态相对脆弱的区域显得格外重要。因此在施工过程中，旺杰次仁要求参建单位本着“不破坏、少扰动、多恢复”的宗旨，对全线的防护和排水工程进行了补充完善和变更，形成了比较完备的路基防护和排水系统。在绿化方面，针对那拉高速公路那羊段沿线气候恶劣、土地贫瘠的不利因

2019年7月，旺杰次仁（右）为帮扶对象送慰问金和慰问品

素，旺杰次仁要求指挥部提前进行绿化试验。他们选择那曲附近的一处取土场，经过几次草种试播、取得了成功，放眼望去，200多亩荒原上长出了绿油油的青草，在蓝天白云下，真是一道亮丽的风景。

为民造好路，为国做奉献，是每一个西藏交通人的共同心声。作为新一代的西藏交通人，“两路”精神的传承者和发扬者，旺杰次仁时刻以“两路”精神激励自己。他坚信，在习近平新时代中国特色社会主义思想的指导下，全面贯彻新时代党的治藏方略，西藏交通人将以高度的责任心和使命感，不忘初心、牢记使命，撸起袖子加油干，在雪域高原不断建设好一条又一条幸福的康庄大道。

第一篇　概览篇

概　述

国道109线那曲至拉萨公路改建工程那曲至羊八井段是西藏自治区“十三五”规划的重点项目，国家高速公路网G6的重要组成部分，也是青藏大通道的重要节点工程，具有重大的政治、经济、国防意义，更是落实习近平新时代中国特色社会主义思想及“治国必治边、治边先稳藏”战略的具体体现，是全面实现“两个一百年”奋斗目标的重要举措，对促进沿线经济社会发展，巩固国防安全，加强民族团结，改善农牧区群众的生产、生活条件，完善区域路网结构，提升公路运行效率和安全保障水平具有重要意义。

第一章 项目简介

一、项目概况

国道 109 线那曲至拉萨公路改建工程那曲至羊八井段起点位于那曲火车站西北，沿线经过那曲火车站、那曲县水源保护区、罗玛镇、香茂乡、古露镇、乌玛塘乡、阿热湿地、当雄县城、宁中乡，终点位于羊八井镇，路线全长 226.937 千米，采用双向四车道一级公路标准建设，设计时速 120 千米 / 小时，路基宽度 26 米，采用公路一级荷载标准。项目总投资 218.99 亿元，自 2018 年 5 月 15 日正式开工至 2021 年 8 月 21 日通车试运行，建设工期 39 个月。项目的实施将显著改善那曲至拉萨的交通通行条件，使青藏通道那拉段实现国道、铁路、高速公路并行运营，提升青藏大通道的通行能力和安全保障、运输服务水平，对促进西藏各民族交往交流交融，实现长治久安和高质量发展，全面建成小康社会，具有重大现实意义和深远历史意义。

项目全线路基挖方 819.9 万立方米，填方 3733.94 万立方米；共设桥梁 145 座，其中特大桥 7 座，大、中桥 89 座，小桥 49 座；长隧道 1 座，桥隧占比 16.782%；涵洞、通道 469 道，互通立交 4 处。

西藏自治区交通建设项目招标中心于 2018 年 3 月 22 日发出招标公告；4 月 10 日，组织开展了招投标评审工作，确定了 3 家施工、监理单位。

二、建设目标

该项目的建设目标是，以“创建品质、保障安全、绿色生态、科技引领、民族特色、社会认可”的建设理念为目标，全面推进“品质工程”创建工作，精心组织，科学施工，廉洁高效，确保优质高效按时完成工程建设任务。

三、项目审批

项目各式报告及批文如图所示。

བོད་ རང་ སྐྱོང་ ལྗོངས།

西藏自治区

འཕེལ་རྒྱས་དང་སྒྱུར་བཅོས་ཨུ་ཡོན་ལྷན་ཁང་གི་ཡིག་ཆ།

发展和改革委员会文件

藏发改基础〔2018〕139 号

关于国道 109 线那曲至拉萨公路改建工程（那曲至羊八井段）可行性研究报告的批复

自治区交通运输厅：

《关于审批国道 109 线那曲至羊八井段新建工程可行性研究报告的请示》（藏交发〔2018〕37 号）及有关材料收悉。经研究，现批复如下：

一、为完善我区干线公路网，贯彻落实西部大开发战略部署，满足纵深作战和保障力量快速机动投送需求，改善区域交通条件，促进沿线地区经济社会协同发展。经自治区人民政府批准，同意提前实施国道 109 线那曲至拉萨公路改建工程（那曲至羊八井段）。

- 1 -

二、同意路线在既有国道 109 线走廊带内全线新建方案。路线起自那曲县城火车站西约 3 公里处，通过那曲南互通与国道 109 线相接，经罗马镇、香茂乡、古露镇、乌玛塘乡、阿热湿地、当雄县城、宁中乡，止于羊八井镇，顺接在建的那曲至拉萨段控制性工程。路线全长 226.24 公里，共设置特大桥 22737/10（米/座）、大桥 30991/78(米/座）、中小桥 2285/39(米/座)，长隧道 2220/1（米/座）。全线在那曲南、香茂、古露、当雄 4 处设置互通式立交（预留乌玛塘、宁中 2 处），服务区 2 处（那曲、当雄）。同步建设必要的养护工区、交通工程及沿线设施。

本项目采用双向四车道一级公路技术标准建设，设计速度 100 公里/小时，路基宽度 26 米，全线桥涵设计汽车荷载采用公路-Ⅰ级，其他技术指标应符合《公路工程技术标准》（JTG B01-2014）中的相关规定。

三、项目估算总投资控制在 236.5 亿元以内，所需建设资金在交通运输部"十三五"支持西藏的车购税投资规模中统筹安排。在国家资金未到位前，建设资金由西藏交通建设投资有限公司负责筹措。

项目单位为西藏交通建设投资有限公司。

四、建设工期 36 个月。

五、在初步设计阶段要进一步做好以下工作：

（一）加强工程地质、水文地质勘察，深化路基排

- 2 -

水和防护工程设计，做好隧道通风、抗震、防排水设计，进一步研究冻土、滑坡、泥石流、崩塌、水毁等病害处治方案，做好病害处理与防治工程方案的综合设计。

（二）合理运用路线平纵指标，优化设计，避免诱发新的地质病害。

（三）优化施工期间交通组织和保通方案研究，确保施工期间的道路畅通和运营安全。

初步设计由你厅负责审批。

六、请严格执行国家有关招标投标的规定，工程勘察、设计、建筑安装工程、监理、大宗材料和机械设备采购等全部实行公开招标，招标组织形式采用自行招标。

七、我委将会同有关部门督促项目单位按照建设环境友好、资源节约型公路的要求，通过加大新技术、新工艺、新材料、新理念的推广应用，优化设计，把保护生态和环境、节约和集约用地、节能减排等工作落实到位。

项目建设期间要加强管理、落实征地拆迁相应政策和措施，合理掌握建设工期，确保工程质量，严格控制投资。

西藏自治区发展和改革委员会

2018 年 2 月 25 日

- 3 -

图 1-1-1　关于国道 109 线那曲至拉萨公路改建工程（那曲至羊八井段）可行性研究报告的批复

བོད་རང་སྐྱོང་ལྗོངས་འགྲིམ་འགྲུལ་སྐྱེལ་འདྲེན་ཐིང་གི་ཡིག་ཆ།

西藏自治区交通运输厅文件

藏交发〔2018〕95 号

关于国道 109 线那曲至拉萨公路改建工程（那曲至羊八井段）初步设计的批复

西藏交通建设投资有限公司：

《关于审批国道 109 线那曲至拉萨公路改建工程（那曲至羊八井段）两阶段初步设计文件的请示》（藏交投发〔2018〕118 号）收悉。根据现行的相关技术标准、规范以及《西藏自治区发改委关于国道 109 线那曲至拉萨公路改建工程（那曲至羊八井段）可行性研究报告的批复》（藏发改基础〔2018〕139 号）确定的建设规模、技术标准和估算总投资，经审查，批复如下：

一、建设规模及技术标准

（一）国道 109 线那曲至拉萨公路改建工程（那曲至羊八井段）起自那曲县城火车站西北，沿线经过那曲火车站、那曲县水

- 1 -

源保护区、罗玛镇、香茂乡、古露镇、乌玛塘乡、阿热湿地、宁中乡、羊八井镇，终点顺接那曲至拉萨段控制性工程起点，路线全长 226.857 公里。路线走向和主要控制点基本合理，符合可行性研究报告批复要求。

全线设置那曲南、香茂、古露、当雄 4 处互通式立交，同步建设那曲南互通式立交连接线，长度为 2.496 公里。

（二）全线采用双向四车道一级公路标准建设，设计速度 100 公里/小时，路基宽度 26.0 米，桥涵设计汽车荷载等级采用公路—Ⅰ级，其他技术指标按《公路工程技术标准》（JTG B01-2014）执行，互通式立交连接线按二级公路标准建设，设计速度 60 公里/小时，路基宽度 12.0 米。

二、工程地质

（一）初步设计阶段工程地质勘察方法手段合理，勘察内容和深度基本满足初步设计要求，下阶段应加强泥石流、积雪、风沙、涎流冰和地震液化等不良地质路段的工程地质勘察工作，重点查明不良地质影响范围，分析其对工程施工及运营安全的影响，完善工程处治方案，加强高边坡工点的地质勘察，增加地质勘探点及土工试验，核实各项物理力学参数，加强边坡稳定性分析评价。

（二）进一步加强桥址区的工程地质勘察工作，重点查明桥位地层力学参数、裂隙及断层发育程度。

（三）下阶段应加强隧道地质的勘察和分析工作，探明隧道纵横断面的工程地质、水文地质及不良地质情况，合理划分围岩

- 2 -

级别，进一步采用综合勘探、测试手段，重点查明断层及软弱夹层等地质区域对隧道工程的影响，重点查明隧道水文地质条件，确保施工期及运营期安全。

三、路线

（一）路线起点、终点、主要控制点及走向基本合理，符合本项目可行性研究报告批复要求。

（二）初步设计依据工可推荐的路线走廊带，综合沿线地形、地质、水文、保护区、景区、城镇规划以及运营安全和工程规模等因素，共在 7 个段落拟定了 9 条路线方案比较线，其中 A1、A2、C1、C3 等 4 条与 K 线进行同深度比选，占推荐线总长约 22.7%。原则同意初步设计推荐的路线方案。

（三）初步设计路线平纵面设计总体基本合理。下阶段应结合地形、地质条件和交通运输部《关于在公路建设中实行最严格的耕地保护制度的若干意见》（交公路发〔2004〕164 号）要求，对路线组合进行细化设计，减少高填深挖，优化土石方调配，减少弃方，合理控制工程数量，在保证行车安全性和舒适性的同时，贯彻保护环境、节约用地的设计原则。

四、路基路面

（一）原则同意初步设计路基标准横断面形式、组成及一般路基设计原则和不良地质及特殊路基的处治设计方案。

（二）沿线地形地质条件复杂，下阶段应加强水草湿地（水草沼泽地）、软土、季节性冻土、盐渍土、崩塌危岩、风吹雪、泥石流、地震砂土液化等地段路基稳定性的勘察与分析计算，进一

- 3 -

步优化路基设计方案。

（三）路基防护设计方案基本合理，但应根据当地气候、地形地质特点，因地制宜选用合理的边坡防护形式。

（四）原则同意路基路面排水设计方案。排水设计方案中应加强中央分隔带、超高缓和段的排水处理，防止平坡路段积水。排水沟、边沟、截水沟设计方案的选用应以保护生态环境、防止水土流失和采用经济合理的断面尺寸为原则，边沟的断面尺寸应根据项目所在地区的暴雨径流量和频率标准通过计算确定，并加强路基地下排水设计，结合沿线降雨及融雪对路基的影响，研究设置必要的导流防护工程。

（五）本项目借方量较大，应进一步优化路线平纵面和路基边坡坡率，尽量平衡项目土石方，应加强取弃土场选址工作，加强环保水保设计。

（六）原则同意主线采用沥青混凝土路面及其结构组合设计方案，主线路面为 4 厘米改性细粒式沥青混凝土上面层（AC-13C）+6 厘米改性中粒式沥青混凝土下面层（AC-16C）+10 厘米沥青碎石上基层（ATB-25）。

同意互通立交匝道和桥面铺装采用与主线上、下面层相同的路面，隧道路面采用沥青混凝土复合式路面。

下阶段应根据沿线气候、材料特征、交通量、车型比例、纵面特点及交通量增长率等变化情况，结合各结构层混合料及试验结果进一步优化全线路面结构方案。

五、桥梁涵洞

- 4 -

（一）全线设置桥梁 37743.8 米/145 座，其中特大桥 9975.2 米/7 座，大桥 24504.7 米/60 座，中、小桥 3263.9 米/78 座，涵洞 185 道。全线桥型方案及涵洞的布置基本合理，原则同意全线桥梁、涵洞的初步设计方案。

（二）下阶段应结合路线优化、路基土石方情况适当优化桥梁规模，部分填土不高、汇水面积不大的桥梁应按路基和桥梁方案进行充分比较后择优选择。

（三）应加强桥梁标准化设计，标准跨径桥梁上部结构应综合考虑结构安全、耐久、环保、经济、施工方便等多种因素进行选择，相邻桥梁跨径应尽量统一，以便于预制场地布置，节约预制设备投入。

（四）下阶段应加强工程地质和水文地质勘察工作，结合地形、地质、路线平纵面、经济等因素合理确定墩台位置，桥台型式、桥墩尺寸和基础形式，合理设置系梁，优化结构设计，确保桥梁结构安全可靠、经济合理。

（五）注意调整桥跨的分联长度，以优化结构变形及受力。

（六）本项目所在区域地震烈度高，部分路段地震动峰值加速度为 0.4g，下阶段应重点加强结构抗震计算，并采取有效的抗震措施设计。

（七）部分桥梁跨越湿地等环境敏感点，应加强桥面集中排水设计，并在桥下设置集水设施，减小环境污染。

（八）结合地方经济发展、放牧及野生动物迁徙需求，优化桥涵、通道设计，充分留足净宽、净空及间距。

- 5 -

六、隧道

（一）全线设置长隧道 1055 米/1 座，隧址选择及平纵面布置基本合理，原则同意隧道布置及结构设计方案。

（二）下阶段应根据地形和详勘地质资料进一步优化隧道平、纵面布置，合理确定隧道轴线，洞口位置及洞门型式，优化隧道结构型式及衬砌支护参数，完善衬砌和防排水设计，确保隧道施工、运营的安全。

（三）本项目沿线风景优美，景观要求较高，应加强隧道洞口景观绿化与周边自然环境的协调设计。

（四）下阶段应加强隧道通风、照明、供配电、监控、消防救援以及应急联动控制方案的协同设计，提高隧道运行安全性，并合理节能。

七、路线交叉

（一）全线互通式立交，匝道总体布局基本合理，立交选型和技术指标应用基本恰当。

（二）原则同意那曲南互通采用 B 型单喇叭方案。

（三）原则同意古露互通、当雄互通采用 A 型单喇叭方案。

（四）原则同意香茂互通采用菱形互通立交方案。

（五）施工图设计阶段应对各互通式立交平纵面线形进行优化，以提高互通式立交的通行能力和服务水平。

八、交通工程及沿线设施

（一）原则同意全线安全、服务、管理设施和通信、监控及隧道机电系统的设计方案。

- 6 -

（二）同意全线设置那曲、当雄、羊八井服务区 3 处，设置念青唐古拉山观景台 1 处，设置 U 型转弯 1 处，设置隧道管理站 1 处，设置隧道变电所 1 处，设置养护管理处 1 处，设置养护中心 2 处，设置养护工区 2 处，设置综合执法检查站 1 处。

（三）同意全线设置标志、标线、护栏、隔离设施、防眩设施、诱导设施、防落物网等交通安全设施，应按照《国务院关于加强道路交通安全工作的意见》（国发〔2012〕30 号），完善相关交通安全设施设置。下阶段应加强对急弯、积雪区、构造物密集、出入口密集等危险路段安全设施的针对性设计，确保行车安全。

（四）对于高边坡、桥梁路段，尤其是临崖路段、下坡及小半径弯道路段的外侧，应加强被动防护，提高护栏防护等级，确保行车安全。

（五）原则同意隧道设置完善的通风、照明、供电、监控等机电附属设施。下阶段进一步优化隧道监控、供电、照明设置方案，确保隧道运营安全，合理节能。

（六）全线房屋建筑总面积、总占地面积，应按西藏自治区相关规定，严格控制建设规模。

九、概算

本项目概算依据《公路工程基本建设项目概算预算编制办法》（JTG B06—2007）、有关定额及交通运输部和西藏自治区有关规定编制。

（一）核定建筑安装工程费 17,652,150,125 元。

（二）核定设备及工具、器具购置费 164,866,201 元。

- 7 -

（三）核定工程建设其他费用 3,761,508,343 元。

国道 109 线那曲至拉萨公路改建工程（那曲至羊八井段）初步设计总概算核定为 22,597,682,537 元。项目实际投资应控制在批准概算内，最终工程造价以竣工决算为准。

项目总工期（自开工之日起）3 年。

请加强项目管理，严格履行基本建设程序，按本批复要求组织编制施工图设计和招标文件，加强定测、详勘验收工作，施工图设计文件报我厅审批，审查意见及本批复执行情况于招标前报我厅备案。应做好开工前各项准备，依法办理用地手续，加强工程管理，完善管理制度，推行项目管理专业化、工程施工标准化、管理手段信息化，注重环保保护、水土保持和节能减排，加强安全管理，保证安全生产投入，确保工程质量安全。

附件：国道 109 线那曲至拉萨公路改建工程（那曲至羊八井段）初步设计概算审核表

西藏自治区交通运输厅

2018 年 3 月 9 日

西藏自治区交通运输厅办公室　　2018 年 3 月 9 日印发

- 8 -

图 1-1-2　关于国道 109 线那曲至拉萨公路改建工程（那曲至羊八井段）初步设计的批复

བོད་རང་སྐྱོང་ལྗོངས་འགྲིམ་འགྲུལ་སྐྱེལ་འདྲེན་ཐིང་གི་ཡིག་ཆ།

西藏自治区交通运输厅文件

藏交发〔2018〕96号

关于国道109线那曲至拉萨段公路改建工程（那曲至羊八井段）两阶段施工图设计的批复

西藏交通建设投资有限公司：

《关于审批国道 109 线那曲至拉萨公路改建工程（那曲至羊八井段）两阶段施工图设计文件的请示》（藏交投发〔2018〕119号）收悉。根据西藏自治区交通运输厅《关于国道 109 线那曲至拉萨公路改建工程（那曲至羊八井段）初步设计的批复》（藏交发〔2018〕95 号）确定的建设规模、技术标准和总投资，结合中交公路规划设计院有限公司《国道 109 线那曲至拉萨公路改建工程（那曲至羊八井段）两阶段施工图设计咨询报告》及《咨询意回复意见核查报告》，经审查，现批复如下：

一、建设规模与技术标准

国道109线那曲至拉萨公路改建工程（那曲至羊八井段），起于那曲地区火车站西北，起点里程桩号K3571+000，途经那曲火车站、那曲县水源保护区、罗玛镇、香茂乡、古露镇、乌玛塘乡、阿热湿地、当雄县、宁中乡，止于羊八井镇，终点里程桩号K3779+450，全长226.937公里。采用双向四车道一级公路标准建设，设计速度100公里/小时，路基宽度26米。全线桥涵设计汽车荷载等级采用公路-Ⅰ级。其他技术标准按《公路工程技术标准》(JTG B01-2014)执行。

二、路线

路线平、纵面线型顺适流畅，主要控制点及路线走向基本合理，符合本项目初步设计文件批复要求。

三、路基路面

原则同意施工图设计采用的路基横断面型式、一般路基设计、沥青混凝土路面及其结构组合设计，实施中应结合区域气候特点，加强特殊路基处理、高填深挖段施工工艺控制和沥青混凝土配合比设计，提高路基、路面结构耐久性。

四、排水、防护

原则同意施工图采用的路基防护工程设计及其结构设计参数和路基、路面排水系统设计。实施中应根据实际地形、地质和水文条件，优化综合排水设计方案。

五、桥涵

原则同意施工图采用的桥型、下部结构和孔跨布置及其附属

- 2 -

工程的设计方案。实施中应结合区域罕见高地震烈度区的特点，加强桥梁抗震、耐久性设计和施工工艺控制，提高桥涵结构耐久性和抗震性。

六、隧道

同意施工图采用的隧道总体原则及主体结构设计，隧道平纵线型符合初步设计批复的要求，实施中应结合区域罕见高地震烈度区的特点及施工设备，深化施工组织设计，确保结构安全可靠。

七、互通式立交

互通式立交符合初步设计批复的要求，原则同意施工图设计中4处互通式立交设计方案。

八、交通工程及沿线设施

原则同意施工图关于交通工程及沿线设施设计方案。

九、施工图设计预算

国道 109 线那曲至拉萨公路改建工程（那曲至羊八井段）两阶段施工图预算核定为21,899,937,215元，其中：核定建筑安装工程费 17,433,935,096 元；核定设备及工具、器具购置费137,972,522元；核定工程建设其他费用3,723,436,513元；核定预备费用604,593,054元。

该项目建设总工期（自开工之日起）36个月。

请你公司按此批复，认真做好开工前的各项准备工作，严格执行基本建设程序，加强项目进度、安全监督、工程管理、环境保护、水土保持、节能减排、公路保通和质量检测等工作，确保

- 3 -

工程质量，资金使用安全及“双清欠”工作。

附件：国道 109 线那曲至拉萨公路改建工程（那曲至羊八井段）两阶段施工图设计预算审核表

西藏自治区交通运输厅

2018年3月10日

抄送：厅综合规划处、建设管理处、审计监督处、财务处，区交通质量安全监督局，中交第一公路勘察设计研究院有限公司、中交第二公路勘察设计研究院有限公司。

西藏自治区交通运输厅办公室　　2018年3月10日印发

- 4 -

图 1-1-3　关于国道109线那曲至拉萨公路改建工程（那曲至羊八井段）两阶段施工图设计的批复

བོད་རང་སྐྱོང་ལྗོངས་ཁོར་ཡུག་སྲུང་སྐྱོང་ཐིང་གི་ཡིག་ཆ།

西藏自治区环境保护厅文件

藏环审〔2016〕80 号

关于 G109 那曲至拉萨段公路改建工程环境影响报告书的批复

西藏自治区交通运输厅：

你厅《关于审批 G109 那曲至拉萨段公路改建工程环境影响报告书的函》（藏交函〔2016〕326 号）收悉。经 2016 年第 9 次厅长办公会研究，批复如下。

一、工程位于西藏自治区那曲地区和拉萨市境内，路线起点位于那曲县城规划区以南（起点桩号 K3552+500），近期与既有 G109 主线对接，远期与 G6 格尔木至那曲段对接，终点位于拉萨市柳梧乡以南设置的拉萨南枢纽互通与拉贡机场公路相交处（终点桩号 K3867+345）。拟建工程路线全长 306.67 公里，按照双向四车道一级公路标准建设，采用沥青混凝土路面，路基宽度 26 米，设计速度为 100 公里/时。全线共设置桥梁 73750/180（米/座），其

-1-

动的，应重新报批该项目的环境影响报告书。自环境影响报告书批复文件批准之日起，如超过 5 年方决定工程开工建设的，环境影响报告书应当报我厅重新审核。项目建成通过竣工环境保护验收后运行 3–5 年，应开展环境影响后评价工作。

六、我厅委托拉萨市、那曲地区环境保护局负责该工程施工期的环境保护"三同时"监督检查和日常环境监督管理工作。建设单位应积极配合环保部门做好环境监测、监察工作，避免生态破坏和环境污染事故的发生。

七、你厅应在收到本批复后 15 个工作日内，将批准后的报告书分送拉萨市环境保护局、那曲地区环境保护局，那曲县、当雄县和堆龙德庆区环境保护局，并按规定接受各级环境保护行政主管部门的监督检查。

西藏自治区环境保护厅
2016 年 10 月 10 日

-9-

图 1–1–4　关于 G109 那曲至拉萨段公路改建工程环境影响报告书的批复（部分）

བོད་རང་སྐྱོང་ལྗོངས་ཁོར་ཡུག་སྲུང་སྐྱོང་ཐིང་གི་ཡིག་ཆ།

西藏自治区环境保护厅文件

藏环审〔2018〕52 号

关于国道 109 线那曲至拉萨公路改建工程（那曲至羊八井段）第 SJ-1 合同段 K3571-K3580 段落环境影响报告表的批复

西藏交通建设投资有限公司：

你公司《关于审批<国道 109 线那曲至拉萨公路改建工程（那曲至羊八井段）第 SJ-1 合同段 K3571-K3580 段落环境影响报告表>的请示》（藏交投发〔2018〕327 号）收悉。经 2018 年 7 月 23 日厅专题会议研究，批复如下。

一、本项目属于国道 109 线那曲至拉萨公路改建工程的一段，建设地点位于那曲市色尼区境内，线路起于那曲市城南（K3571+000），跨越那曲河，折向东南再次跨越青藏铁路和国道 109 线，止于 K3580+000 处。本工程全长 9.08 公里（设 1 处

-1-

批复文件批准之日起，如超过 5 年方决定工程开工建设的，环境影响报告表应当报我厅重新审核

六、我厅委托那曲市环境保护局负责该工程施工期的环境保护"三同时"监督检查和日常环境监督管理工作。建设单位应积极配合环保部门做好环境监测、监察工作，避免生态破坏和环境污染事故的发生。

七、你公司应在收到本批复后 15 个工作日内，将批准后的报告表分送那曲市环境保护局和色尼区环境保护局，并按规定接受各级环境保护行政主管部门的监督检查。

西藏自治区环境保护厅
2018 年 8 月 3 日

抄送：自治区发展改革委、交通运输厅、那曲市环境保护局、色尼区环境保护局、自治区环境工程评估中心、环境监察总队、天科院环境科技发展（天津）有限公司。

西藏自治区环境保护厅办公室　　2018 年 8 月 3 日印发

（共印 12 份）

8

图 1–1–5　关于国道 109 线那曲至拉萨公路改建工程（那曲至羊八井段）第 SJ–1 合同段 K3571–K3580 段落环境影响报告表的批复（部分）

བོད་རང་སྐྱོང་ལྗོངས་ས་ཁམས་ཐོན་ཁུངས་ཅུས་ཀྱི་ཡིག་ཆ།

西藏自治区国土资源厅文件

藏国土资预审发〔2017〕4号

西藏自治区国土资源厅关于 G109 格尔木至拉萨公路那曲至拉萨段改建工程建设项目用地的预审意见

自治区重点公路建设项目管理中心：

《关于 G109 格尔木至拉萨公路那曲至拉萨段改建工程建设项目用地预审的请示》（藏交项管字〔2016〕495 号）、《拉萨市国土资源局关于 G109 格尔木至拉萨公路那曲至拉萨段改建（拉萨市境内）项目用地初审意见》（拉国土资〔2016〕865 号）、《那曲地区国土资源局关于 G109 格尔木至拉萨公路那曲至拉萨段改建工程建设项目用地的初审意见》（那国土资〔2016〕178 号）及相关材料收悉，经审查，意见如下：

— 1 —

一、该项目是列入《西藏自治区"十三五"时期公路交通发展规划》中的重点建设项目，项目用地符合国家供地政策，同意通过用地预审。

二、项目位于拉萨市、那曲地区境内，同意该项目选址。

三、项目拟用地总规模 1660.80 公顷，其中农用地 1557.00 公顷（含耕地 68.67 公顷），同意该用地规模。在初步设计阶段，必须按照《公路工程项目建设用地指标》的规定，从严控制建设用地规模，节约集约利用土地。

四、按照《中华人民共和国土地管理法》规定和中央有关要求，建设项目占用耕地的，应当补充数量相同、质量相当的耕地。地方人民政府应按法律规定，要求建设单位将被占用耕地耕作层土壤剥离利用；结合土地整治、高标准农田建设和土地复垦等工作，及时组织开展耕作层土壤剥离利用、补充耕地；用地报批时，耕作层土壤剥离利用安排情况随同补充耕地方案一并予以说明。

五、项目总投资 310.23 亿元，涉及土地相关费用 3.43 亿元。请根据国家和自治区的有关规定，按照确保被征地农牧民生活水平不因征地而降低，长远生计有保障的原则，认真做好征地补偿安置的前期工作，确保补偿安置资金足额到位，切实维护被征地农牧民的合法权益。

六、项目可行性研究报告批准后，必须按照《中华人民共和国土地管理法》和国家、自治区有关规定办理建设用地报批手续，未取得建设用地批准手续不得开工建设。

— 2 —

七、依据《建设项目用地预审管理办法》的规定，建设项目用地预审文件有效期为三年，本文件有效期至 2020 年 1 月 9 日。需要延续预审期限的，应当在有效期届满 30 日前向我厅提出申请。

西藏自治区国土资源厅

2017 年 1 月 9 日

图 1-1-6 西藏自治区国土资源厅关于 G109 格尔木至拉萨公路那曲至拉萨段改建工程建设项目用地的预审意见

བོད་རང་སྐྱོང་ལྗོངས་ཆུ་ཁང་ཅུས་ཀྱི་ཡིག་ཆ།

西藏自治区水利厅文件

藏水保〔2016〕39 号

自治区水利厅关于《G109 那曲至拉萨段公路改建工程水土保持方案报告书》的复函

西藏交通建设投资有限公司：

图 1-1-7 西藏自治区水利厅关于《G109 那曲至拉萨段公路改建工程水土保持方案报告书》的复函

第二章　建设背景

一、项目影响区域

该项目直接联系了拉萨市城区、达孜区、林周县、堆龙德庆区、当雄县，那曲市色尼区等地区，因此确定上述地区为该项目直接影响区。间接影响区涵盖拉萨市其他地区、那曲市其他地区以及周边更广大地区。

二、沿线经济社会背景情况

（一）拉萨市

1. 自然地理

拉萨市是西藏自治区首府，是西藏政治、经济、文化的中心，是一座具有 1300 年历史的古城，它位于西藏自治区中部稍偏东南、雅鲁藏布江支流拉萨河北岸，平均海拔 3650 米，东邻林芝市，南与山南市交界，西连日喀则市，北接那曲市。拉萨市地处喜马拉雅山脉北侧，受下沉气流的影响，全年多晴朗天气，降雨稀少，冬无严寒，夏无酷暑，属高原季风半干旱气候。拉萨全年日照时间 3000 小时以上，素有“日光城”的美誉。

2. 行政区划

拉萨市下辖城关区、林周县、当雄县、尼木县、曲水县、堆龙德庆区、达孜区、墨竹工卡县 8 个县（区）及拉萨国家级经济技术开发区、柳梧新区，48 个乡、9 个镇、8 个街道办事处，224 个行政村、43 个社区。

3. 资源物产

（1）物产资源

拉萨市现已发现 50 多种矿产，矿（化）点 170 多处，其中刚玉、地热居全国第一位，自然硫居全国第三位，高岭土居全国第五位；铜铅锌储量在全国占有相当的比重，勘探工作尚在进行中，前景乐观。

（2）能源资源

市域内江河年均径流量 112 亿立方米，湖泊储水 200 亿立方米，地下水丰富，念青唐古拉主峰及附近578平方千米的冰川和永久积雪带储存有大量固体水。人均水量和每亩地占水量均高于全国平均水平。水能、地热、太阳能资源方面，全市河流（不含雅鲁藏布江过境段）水能资源理论蕴藏量254.78万千瓦，地热田年热流量发电潜力15万千瓦，年太阳总辐射达202千卡/平方厘米。

（3）旅游资源

拉萨市名胜古迹众多，有气势恢宏的印度板块与欧亚板块碰撞产生的地质景观；有磅礴玉洁的念青唐古拉主峰、穷母岗日峰等雪峰冰川风光；有美丽恬静的当雄草原风光，有波光万顷的纳木错高原湖泊风光；有气象万千、堪称“地热博物馆”的羊八井地热田；有布达拉宫、大昭寺、哲蚌寺、色拉寺等规模宏大、金顶巍峨的古寺风采；有美妙绝伦的壁画、唐卡和塑像艺术；有风雨千秋的曲贡古遗址、墨竹工卡吐蕃墓群、查拉路石窟、药王山摩崖造像、唐蕃会盟碑等历史古迹；有元印、明印、各朝敕诰、北魏铜佛像、释迦牟尼本生故事象牙雕、金本巴瓶、中统元宝交钞等数万件库存文物；有独具神韵的藏歌、藏舞、藏戏；有异彩纷呈的少数民族风俗民情。所有这些使拉萨成为一个融自然景观与人文景观于一体的综合性旅游胜地。

4. 经济社会发展概况

拉萨市2018年政府工作报告公布，2017年，全市预计完成地区生产总值478.3亿元，增长11%；全社会固定资产投资652亿元，增长12%；社会消费品零售总额260亿元，增长13%；财政收入141.6亿元，增长31.7%。其中，一般公共预算收入89.6亿元，增长25.9%；城镇居民人均可支配收入32321元，增长10%；农村居民人均可支配收入13108元，增长14.5%；居民消费品价格涨幅控制在1.6%；城镇登记失业率控制在2.2%以内。

（二）当雄县（项目指挥部所在地）

1. 地理位置和行政区划

拉萨市当雄县位于西藏自治区中部，藏南与藏北的交界地带，面积10036平方千米，可利用草场面积1050万亩，平均海拔4200米；气候属高原温带半干旱季风气候；主要气象灾害为雪灾、风灾、旱灾等。

全县辖2个镇、6个乡，即当曲卡镇、羊八井镇、格达乡、宁中乡、公塘乡、龙仁乡、乌玛塘乡、纳木湖乡；共有29个行政村。

2. 资源物产

当雄县境内矿产资源有砂锡、铅锌、玉石、高岭土、石膏、火山灰、石灰石、水晶石、硫磺、泥炭等，其中以羊八井热田和羊易热田最为著名，1980年就建设了羊八井第一台3000千瓦机组发电，至1992年羊八井共装机组9台，总容量25180千瓦，年发电量1亿千瓦，向拉萨和当雄供电。已探明并开采的矿产资源有县属乌玛塘乡的石膏矿，储量1亿吨以上，还有高岭土、火山灰、铝锡、铅锌矿和以铜矿为主的稀有金属矿，均有相当的储量和品位。

当雄县主要名胜古迹和旅游景点有世界海拔最高的咸水湖——纳木错、历史名城冲嘎固始汗夏宫遗址、藏北八塔、康玛寺（格鲁派）、第十一届亚运会圣火纪念碑、羊八井地热电站、念青唐古拉圣药泉度假村等。

3. 经济社会发展概况

2017年，当雄县实现地区生产总值18.52亿元，同比增长15.68%；农林牧渔业增加值完成3.13亿元，同比增长9.37%；规模以上工业增加值完成4.17亿元，同比增长31.94%；全社会固定资产投资完成36.6亿元，同比增长24.02%；社会消费品零售总额实现1.91亿元，同比增长14.37%；地方财政一般预算收入完成2.99亿元，同比增长19%；各项税收完成3.9亿元，同比增长118.95%；财政支出完成10.46亿元，同比增长20%；农牧民人均可支配收入达14710.51元，同比增长16.51%。

（三）那曲市

1. 自然地理

那曲市地处西藏北部，位于青藏高原腹地，是长江、怒江、拉萨河、易贡河等大江大河的源头；与新疆维吾尔自治区和青海省交界，东邻昌都市，南接拉萨、林芝、日喀则三市，西与阿里地区相连。中西部多丘陵盆地，内陆湖泊星罗棋布；东部属河谷地带，多高山峡谷，是藏北仅有的农作物产区，并有少量的森林资源和灌木草场，

图1-2-1 中铁一局那羊项目部参与雪灾救援

海拔高度为 3500—4500 米，气候好于中西部。

那曲市位于藏北高原，是西藏气候条件最恶劣的地区之一，是典型的亚寒带气候区。高寒缺氧，气候干燥，昼夜温差大，多大风天气，年均降水量仅为 100—200 毫米，年日照时数为 2852.6—2881.7 小时，全年气候干冷，无绝对无霜期。每年 11 月至次年 3 月是藏北的干旱刮风期，一旦下雪又很容易成为雪灾；在此期间气候干燥，温度低下，缺氧，风沙大。5—9 月相对温暖，是草原的黄金季节，气候温和，风和日丽，降水量占全年的 80%。全年 100 天左右的绿色植物生长期全部集中在这个季节。

2. 行政区划与人口

那曲辖 1 个市辖区、10 个县，即色尼区、安多县、聂荣县、比如县、嘉黎县、索县、巴青县、申扎县、班戈县、尼玛县、双湖县，辖 89 个乡、25 个镇、1190 个行政村（居委会）。2017 年年末，那曲市人口共 52.04 万人，人口自然增长率为 22.5‰。

3. 资源物产

（1）自然资源

那曲市草场资源丰富，东部为高山灌丛草原，西部为高山草原和高山草甸。畜牧业历史悠久，以放养牦牛、绵羊为主；东部各地可种植青稞、元根等，产量不稳定，易受霜冻和雪害。那曲市盛产冬虫夏草，年产量约达 5000 千克，为西藏冬虫夏草资源较丰富的产区之一。此外还产贝母、麝香等贵重药材。野生动物有西藏特有的白唇鹿、野牦牛、藏野驴、藏羚、雪豹等。

（2）矿产资源

那曲市色尼区境内的主要矿产品有沙金、铅、煤、锡、锑及铬铁等。目前已经开采的有依拉山铬铁矿。

（3）旅游资源

那曲市旅游资源十分丰富，有各类景区 32 处，遍布全市 11 个县区；大体可分为中、东、西部旅游区。中部有著名的羌塘恰青赛马艺术节和目前正在推出的以藏家乐为主的休闲旅游区、卓玛圣谷生态旅游区，有世界上海拔最高的淡水湖，也是怒江源头湖——措那湖以及“伸手把天抓”的唐古拉山和地处长江发源地的格拉丹东雪山。东部有以人类奇观著称的多多卡骷髅墙、西藏三大热巴舞发祥地之一的丁嘎村为代表的人文景观旅游区。西部有以羌塘野生动物保护区、申扎黑颈鹤栖息地为代表的自然景观旅游区，班戈县的色林措湖，有考证研究藏北历史的活标本——尼玛县的古象雄遗址和玉本寺，还有气势壮观的普若岗日冰川和西藏著名的三大圣湖之一——当惹雍错景观。

4. 经济社会发展概况

2017年，全市生产总值完成119.82亿元，固定资产投资完成185.49亿元，城镇、农村居民人均可支配收入分别达31252元、9782元，社会消费品零售总额21.27亿元，税收收入突破10亿元。

三、经济社会发展规划

（一）西藏自治区

西藏自治区“十三五”时期经济社会发展的基本思路是：坚持把改善民生、凝聚人心作为经济社会发展的出发点和落脚点，坚持就业第一、教育优先的原则，坚持将发展建立在生态安全基础上，以基础设施、特色优势产业、生态保护与建设为重点，以提高经济发展质量和效益为中心，以加快改革开放、促进市场要素流动为途径，推进经济社会协调发展、走向全面小康，推进民生显著改善、走向人民生活富裕幸福，推进生态安全屏障建设、走向生态全面改善。

全面建成小康社会的基本目标是：到2020年，人民生活水平全面提升，城乡居民人均可支配收入比2010年翻一番以上，接近全国平均水平，基本公共服务主要指标接近或达到西部地区平均水平，基础设施条件全面改善，生态文明建设取得明显成

图1-2-2　那曲风光

效，自我发展能力明显增强，社会大局长期持续全面稳定，建成安居乐业、保障有力、家园秀美、民族团结、文明和谐的小康社会。

（二）拉萨市

“十三五”时期，是我国全面建成小康社会的决胜期，是拉萨经济社会发展迈向更高阶段的跨越期。拉萨市将继续保持经济社会长足发展，通过5年的努力，实现主要经济指标大幅增长，达到全国平均水平，在全自治区率先全面建成小康社会。

根据拉萨市“十三五”发展规划，全市地区生产总值将力争突破700亿元，年均增速保持在两位数以上；全社会固定资产投资、公共财政预算收入、工业增加值、社会消费品零售总额年均增长15%以上；城乡居民人均可支配收入年均增长10%和15%以上；城镇登记失业率控制在2.2%以内，公共服务主要指标达到全国平均水平，国家现行标准下的44162名贫困人口全部实现脱贫；城市建设水平不断提高，城市建成区绿化覆盖率、森林覆盖率分别达到45%和19.7%，城镇化率达到60%以上，力争把拉萨建设成为经济较为发达、城区人口突破100万人的青藏高原大城市。

四、项目影响区域交通运输状况及发展

（一）综合交通运输状况

1. 西藏自治区

（1）概况

1954年12月25日，全长4360千米的川藏、青藏公路同时通车拉萨，开创了西藏交通新纪元。1989年以来，在中央第三、第四次西藏工作座谈会精神指引下，西藏交通事业取得长足进展，发生了翻天覆地的变化。在中央历次西藏工作座谈会精神的指引下，西藏公路交通建设不断加快，通车里程快速增长，现已基本形成以公路运输为主，航空、铁路、管道运输为辅的综合运输格局。

西藏自治区2017年末公路总通车里程89343千米，比上年增加7246千米，其中铺装路面总里程21449千米。

2016年全年完成货运量2525.71万吨，比上年增长1.9%。其中公路运输完成1906.00万吨，下降3.4%；铁路运输完成607.14万吨，增长22.8%；航空运输完成3.06万吨，增长7.0%；管道运输完成9.51万吨，增长17.3%。全年客运总量1555.34万人次，其中公路客运完成889.00万人次，铁路客运完成242.44万人次，航空客运完成423.90万人次。自治区历年综合交通客、货运量及客、货周转量变化发展情况见下表。

表 1-2-1　　西藏自治区全社会客、货运量表

年份	客运量（万人）				货运量（万吨）				
	合计	铁路	公路	民航	合计	铁路	公路	管道	民航
2000	310.08	—	257.00	53.08	209.30	—	196.00	12.00	1.30
2005	479.47	—	385.00	94.47	369.61	—	356.00	12.00	1.61
2006	605.60	37.89	444.80	122.91	360.58	2.10	346.00	11.40	1.08
2007	680.10	88.85	460.00	131.25	384.82	12.41	360.00	11.23	1.18
2008	2208.55	62.20	2064.45	81.90	749.63	25.60	711.00	12.00	1.03
2009	2566.26	74.00	2360.86	131.80	959.26	22.80	920.00	15.10	1.36
2010	2696.10	88.20	2453.86	154.04	996.37	29.90	952.00	13.00	1.47
2011	1392.15	95.86	1113.15	183.14	1043.74	48.63	979.00	14.90	1.21
2012	1451.22	92.03	1137.49	221.73	1143.99	84.60	1042.00	15.74	1.65
2013	1810.45	208.76	1325.80	275.89	2315.01	519.36	1778.5	14.91	2.24
2014	1934.55	211.41	1408.00	315.14	2397.54	508.71	1871.00	15.37	2.46
2015	2072.72	219.66	1490.00	363.06	2478.19	494.22	1973.00	8.11	2.86
2016	1565.30	242.44	899.00	423.90	2525.71	607.14	1906.00	9.51	3.06

资料来源：《2016年西藏统计年鉴》及统计公报

表 1-2-2　　西藏自治区全社会客、货周转量表

年份	旅客周转量（万人千米）				货物周转量（万吨千米）				
	合计	铁路	公路	民航	合计	铁路	公路	管道	民航
2000	62016	—	32125	29891	91981	—	80912	10759	310
2005	228266	—	184209	44057	419315	—	407134	11548	633
2006	300355	34465	185999	79891	395735	16800	366098	11537	1300
2007	361335	80120	189520	91695	429035	41082	374849	11548	1556
2008	383748	62412	241445	79891	367863	66980	287949	11548	1386
2009	391630	82519	217316	91795	370349	99346	254041	15388	1574
2010	429389	94412	227669	107308	417558	137098	265607	13153	1700
2011	451670	103827	225022	122821	437885	149825	270988	15210	1862
2012	472899	102521	232044	138334	496470	199524	278732	16174	2040
2013	577963	114014	310102	153847	1063158	231214	814613	15114	2217
2014	626936	123393	327809	175734	1121801	244206	859580	15580	2435
2015	685511	140877	347013	197621	1153306	235411	906336	8729	2830
2016	811370	160299	237412	413659	1257300	301422	944863	8544	2471
2017	1068908	180978	266614	621316	1380515	304738	1058247	13391	4139

资料来源：《2016年西藏统计年鉴》及2017年统计公报

（2）公路

自20世纪90年代以来，西藏的省道网规划经历从无到有、从起步到提高的过程。1991年，西藏自治区政府出台了《西藏自治区公路网规划（1991年—2020年）》。后经20多年的建设，西藏已初步形成了以拉萨为中心，以“三纵、两横、六个通道”为主骨架的干线公路网络。“十二五”规划，全自治区公路通车总里程达到7.8万千米，较“十一五”规划增加1.7万千米。次高级以上路面达到1.1万千米，占公路总里程的15.5%，较“十一五”规划增加了3512千米；等级以上公路达到5.7万千米，是“十一五”规划的1.6倍。实现690个乡镇、5408个建制村通公路，通达率分别为99.7%和99.2%；500个乡镇和1811个建制村实现通畅，通畅率分别为72.25%和33.21%。截至2016年，全自治区公路总里程达到82543.3千米，二级及以上公路1333.7千米，铺装路面里程20678千米。

青藏公路始于青海省省会西宁市，经茶卡、都兰、格尔木到拉萨，全长1214千米，全线平均海拔在4000米以上，其中包括海拔4837米的唐古拉山口。青藏公路是世界上海拔最高、线路最长的柏油公路，全年畅通，是我国4条进藏公路中唯一有客运班车营运的线路，也是目前通往西藏路程最短、路况最好且最安全的公路。

新藏公路从新疆维吾尔自治区叶城县到拉萨全长2841千米，大部分处于无人区内，无加油站，而且交通和通信也十分不便，路途所需时间至少在半个月以上。

川藏公路始于四川成都，经雅安、康定，在新都桥分为南北两线，南北两线间有昌都到邦达的公路（169千米）相连。

滇藏公路从云南省下关市出发，经香格里拉，北至西藏芒康县，全长800千米。

中尼公路从尼泊尔的加德满都出发，经樟木友谊桥，进入中国西藏自治区的聂拉木县，过日喀则市，到达西藏自治区首府拉萨，全长2415千米。

表1-2-3 西藏自治区2015年底公路里程统计表

行政等级							
分类	总里程	国道	省道	县道	乡道	专用公路	村道
里程（千米）	78348.305	5618.201	6332.132	14865.645	18151.147	4883.921	28497.259
技术等级							
分类	总里程	高速	一级	二级	三级	四级	等外公路
里程（千米）	78348.305	37.837	0	1032.623	8297.797	49047.695	19932.353

资料来源：西藏自治区交通运输厅

（3）铁路

青藏铁路是西藏第一条铁路线，由青海格尔木出发，沿途经安多、那曲、当雄、羊八井等地，抵达拉萨，全长 1956 千米，穿越高原冻土，最高海拔 5072 米，是世界上海拔最高的铁路；其建设创造了世界高原铁路的建设奇迹。青藏铁路于 2006 年 7 月 1 日正式通车，首发拉萨的城市有北京、成都、重庆、西宁、兰州，之后又陆续有上海、广州等大城市加入青藏铁路的运行。2014 年 8 月 15 日，青藏铁路延伸线拉日铁路开通运营。青藏铁路的开通大大促进西藏旅游业的发展和民族团结，对推进青海、西藏的经济发展，方便人们的生活，促进文化交流起到重要作用。

青藏铁路沿线经过的景点（自格尔木起）包括南山口、甘隆、小南川、玉珠峰、不冻泉、楚玛尔河、纳赤台、五道梁、秀水河、沱沱河、通天河、雁石坪、布强格、唐古拉山、扎江藏布、安多、措那湖、那曲、当雄、羊八井，以及终点拉萨市等。

（4）民航

西藏自治区现有民用机场 4 个，分别为拉萨贡嘎机场，昌都邦达机场、林芝米林机场和阿里昆莎机场。其中拉萨贡嘎机场是西藏航空客货运输的主要承担者。目前开通 16 条国内和国际航线。

（5）管道

西藏自治区现有格尔木至拉萨一条输油管道，1977 年建成，全长 1080 千米，承担了全自治区 80% 的输油量。2016 年管道完成货物运输量 9.51 万吨，占社会货运总量的 0.38%。格尔木至拉萨输油管线为西藏燃油供应提供了重要的保障，减轻了青藏公路单向运输量过大的矛盾。

2. 拉萨市

拉萨是一座具有 1300 年历史的古城，地处河谷冲积平原，地势由东向西倾斜，是世界上海拔最高的城市之一。由于地处高原地区，过去的拉萨长期与其他省份隔绝，交通十分落后，仅靠公路作为与外界联系的纽带。如今拉萨交通发生巨大变化，形成了以铁路、公路、航空等为一体的立体交通网络。

拉萨市 2016 年货运总量 850.4 万吨，其中铁路 54.4 万吨，较前一年增长 35.3%；公路 793.2 万吨，较前一年降低 19.9%。货物周转量 843240.83 万吨千米，其中铁路 461713 万吨千米，公路 381527.83 万吨千米。全年客运总量 838.2 万人，其中铁路 181.2 万人，较前一年增长 33.6%；公路 323 万人，较前一年降低 63.3%。客运周转量 277439.3 万人千米，其中铁路 160352.3 万人千米，较前一年增长 22.4%；公路

117087 万人千米，较前一年降低了 68.6%。

拉萨市历年综合交通客、货运量及客、货周转量变化发展情况见下表。

表 1-2-4　　拉萨市全社会客、货运量表

年份	客运量（万人）			货运量（万吨）		
	合计	公路	铁路	合计	公路	铁路
2005	191.80	191.80	—	147.80	147.80	—
2007	238.00	238.00	—	134.70	134.70	—
2008	5990.00	5990.00	—	340.00	340.00	—
2009	6904.00	6830.00	74.00	407.80	385.00	22.80
2010	4812.06	4725.26	86.80	379.10	356.30	22.80
2011	519.04	409.55	109.49	441.06	392.43	48.63
2012	632.75	534.00	98.75	332.63	248.00	84.63
2013	899.26	793.00	106.26	687.26	617.00	70.26
2014	723.61	600.94	122.67	1010.25	973.37	36.88
2015	1016.00	880.34	135.66	1029.96	989.74	40.22
2016	504.20	323	181.2	850.4	793.2	54.4
年份	年均增长率					
2005—2010	90.50%	89.81%	—	20.73%	19.24%	—
2011—2016	10.06%	-4.64%	10.60%	14.03%	15.11%	2.27%

资料来源：西藏自治区交通运输厅

表 1-2-5　　拉萨市全社会客、货周转量表

年份	旅客周转量（万人千米）			货物周转量（万吨千米）		
	合计	公路	铁路	合计	公路	铁路
2005	91304.00	91304.00	—	167726.00	167726.00	—
2007	126467.00	126467.00	—	150162.00	150162.00	—
2008	185148.00	185148.00	—	119791.00	119791.00	—
2009	140395.86	69675.48	70720.38	198491.39	87334.49	111156.90
2010	130719.30	47999.72	82719.58	221891.18	84793.18	137098.00
2011	131214.97	27387.97	103827.00	232814.67	82989.47	149825.20
2012	135670.40	33149.00	102521.40	289341.50	89818.00	199523.50
2013	161231.60	47879.00	113352.60	286430.00	91870.00	194560.00
2014	316558.91	198101.81	118457.10	741299.22	506861.22	234438.00
2015	504420.66	373366.46	131054.20	728654.60	493244.00	235410.60
2016	277439.30	117087.00	160352.30	843240.83	381527.83	461713.00
年份	年均增长率					
2005—2010	7.44%	-12.07%	16.97%	5.76%	-12.75%	23.34%
2011—2016	16.15%	33.72%	9.08%	29.36%	35.68%	25.24%

资料来源：西藏自治区交通运输厅

（1）公路

拉萨市以城市为中心，以青藏公路、川藏公路和中尼公路三线为主轴，依托国道、省道，形成以“两纵两横，四个重要路段”为主骨架的公路网布局。

截至2016年末，全市公路线路里程5524千米；建成农村公路4643.90千米；公交运营线路网长度667.2千米，年客运量为8208万人次。

表1-2-6　拉萨市2014年公路里程统计表

行政等级							
分类	总里程	国道	省道	县道	乡道	专用公路	村道
里程（千米）	3959	496	529	434	586	66	1848
技术等级							
分类	总里程	高速	一级	二级	三级	四级	等外公路
里程（千米）	3959	38	0	353	493	1702	1373

资料来源：拉萨市交通运输局

（2）城市道路

拉萨中心城区道路网骨架基本形成覆盖全城的“五横七纵”的骨架道路网，其中“五横”分别为扎基路、当热路、林廓路—纳金路、北京路、金珠西路—江苏路，七纵分别为八一路、鲁定路、民族路、德吉路、娘热路、色拉路、夺底路。干线红线宽度为20—42米。道路广场总面积为525.4公顷，占城市建筑用地面积的9.3%。人均道路面积为17平方米/人。

目前拉萨市路网受河谷地形的制约，东西向交通流量大，干道少，缺少分流过境交通的快速通道。国家交通和城市交通混合，部分路段和交叉口在高峰期易发生拥堵。国道109线那曲至拉萨公路改建工程那曲至羊八井段项目建成后将缓解拉萨市南北向过境交通拥挤问题。

（3）铁路

2014年之前，拉萨市内仅有一条青藏铁路。2014年8月15日拉萨至日喀则铁路建成通车。拉萨至林芝铁路全线于2015年6月29日开工建设，2021年6月25日建成通车。

（4）航空

拉萨贡嘎机场位于西藏自治区山南市贡嘎县甲竹林镇，坐落在壮丽的雅鲁藏布江南岸，跑道长4000米，宽45米，机场等级4E，可供波音747、空客A330等大型飞机起降，是世界上海拔最高的民用机场之一。2016年贡嘎机场旅客吞吐量333.94万人次，货邮吞吐量2.77万吨。

3. 那曲市

西藏和平解放前，那曲市没有一条真正意义上的公路，正所谓“艰难羊肠道，溜索独木桥”，交通极其闭塞，运输靠人背畜驮，和外界基本处于隔绝状态，经济发展极受制约。西藏和平解放后，在党中央和国务院的关怀下，中国人民解放军和各族人民以“让高山低头，叫河水让路”的大无畏精神和英雄气概，劈山开路，遇河架桥，于 1954 年 12 月 25 日修通闻名世界的青藏公路，从此那曲有了公路和汽车运输。随着西藏自治区公路交通建设不断加快，那曲通车里程快速增长，现已基本形成以公路为主，航空、铁路为辅的综合交通运输格局。

表 1-2-7　　那曲市全社会客、货运量表

年份	货运		客运	
	货运量（万吨）	周转量（万吨千米）	客运量（万人）	周转量（万人千米）
2000	19.9	10358.4	16.9	5372.4
2005	33.0	16401.0	27.0	8964.0
2006	37.0	18870.0	32.0	10880.0
2007	41.0	20103.0	32.9	11020.0
2008	42.2	21001.0	27.1	10910.0
2009	45.8	22805.0	29.9	11648.4
2010	49.7	24763.9	33.0	12436.7
2011	54.0	26891.2	36.5	13278.5
2012	57.1	28502.3	37.3	13783.0
2013	60.3	30209.9	38.0	14306.6
2014	63.7	32019.9	38.8	14850.1

资料来源：西藏自治区交通运输厅

表 1-2-8　　那曲市 2014 年公路里程统计表

行政等级							
分类	总里程	国道	省道	县道	乡道	专用公路	村道
里程（千米）	19010	703	1915	5149	3083	8129	31
技术等级							
分类	总里程	高速	一级	二级	三级	四级	等外公路
里程（千米）	19010	0	0	337	998	14202	3473

资料来源：那曲市交通运输局

（二）相关公路技术状况及存在问题

在国道109线那曲至拉萨公路改建工程那曲至羊八井段项目影响区域内，既有G109线与该项目路线总体走向一致，道路使用功能基本相同，形成竞争关系；G318线及规划拉林高速公路通过拉萨外环线转换后与该项目进行交通转换；S202线与该项目K线通道走廊平行S305线在那曲县南侧与该项目相交。

1. 既有G109线

既有G109线西宁到拉萨路段又名青藏线，其中西宁至格尔木路段794千米，格尔木至拉萨段1215千米。青藏线与翻越崇山峻岭、峡谷河川的川藏、滇藏线截然不同。除了个别路段外，青藏线总体布设于高山平原之上。2010年青藏公路格尔木至拉萨段完成了改建完善工程。目前那曲至拉萨段除个别路段有轻微病害以外，整体路况良好，达到二级公路标准。

表1-2-9　既有G109线那曲至拉萨段技术指标表

路段	道路等级	长度（千米）	路基宽度（米）	路面宽度（米）	设计速度（千米/小时）
那曲至羊八井段	二级	240	10.0	7.0	80（局部60）
羊八井至德庆段	二级	19.3	8.5	7.0	40
德庆至拉萨段	二级	54.7	12.0	9.0	80

资料来源：西藏自治区交通运输厅

表1-2-10　既有G109线安多检查站历年交通量统计表（单位：辆/日）

年份	小货	中货	大货	特大货	小客	大客	绝对数	折算数	备注
2004	113	351	588	299	702	22	2075	4335	
2005	58	260	340	310	467	17	1452	3201	电压不稳，数据不全
2006	59	50	88	250	35	66	548	1532	电压不稳，数据不全
2007	112	41	263	92	142	71	721	1579	电压不稳，数据不全
2008	150	46	276	28	210	76	786	1483	电压不稳，数据不全
2009	212	81	181	64	297	89	924	1563	电压不稳，数据不全
2010	454	123	443	44	694	166	1924	3087	
2011	499	135	487	48	763	183	2115	3395	
2012	158	65	142	197	182	25	769	1618	
2013	126	63	141	312	513	16	1171	2358	
2014	125	131	63	694	960	13	1986	4235	

资料来源：西藏自治区交通运输厅

表 1-2-11 2004—2014 年既有 G109 线西郊检查站交通量统计表（单位：辆 / 日）

年份	小货	中货	大货	特大货	小客	大客	绝对数	折算数	备注
2004	311	588	429	225	1702	89	3344	5216	
2005	392	612	536	182	1480	115	3317	5299	电压不稳，数据不全
2006	398	372	113	294	177	127	1481	2839	电压不稳，数据不全
2007	591	253	146	215	611	105	1921	3037	电压不稳，数据不全
2008	617	251	136	202	648	128	1982	3050	电压不稳，数据不全
2009	585	303	191	203	1016	190	2488	3726	电压不稳，数据不全
2010	587	175	170	116	1042	166	2256	3115	电压不稳，数据不全
2011	646	193	187	128	1146	183	2483	3426	
2012	928	305	408	1006	1509	157	4313	8174	
2013	751	379	265	483	2115	83	4076	6154	
2014	586	289	332	479	2288	131	4105	6250	

资料来源：西藏自治区交通运输厅

2. G318 线及规划林拉高速公路

G318 线川藏南线，从雅安起与 G108 线分道，向西翻越二郎山，沿途越过大渡河、雅砻江、金沙江、澜沧江、怒江上游，经雅江、理塘、巴塘过竹巴笼金沙江大桥入藏，再经芒康、左贡、邦达、八宿、然乌、波密、林芝、墨竹工卡、达孜抵拉萨。川藏南线相对川藏北线（G317 线）所经过的地方，多为人口相对密集的地区。沿线都为高山峡谷，风景更为秀丽。但南线的通麦一带山体较为疏松，极易发生泥石流和塌方。G318 线成都至拉萨全长 2142 千米，经过有“世界高城”之称、海拔超过 4000 米的理塘县城。墨竹工卡至拉萨段沿拉萨河布设，路况较好，技术标准为三级公路。

沿 G318 线走廊的规划林拉高速公路，北线全长 2412 千米，南线总长为 2149 千米。现状为三级公路，路基宽度 8.5 米。

3. 林芝至拉萨高速公路

林芝至拉萨高速公路全长约 409.2 千米，双向 4 车道，设计速度 80 千米 / 小时，路基宽度 24.5/21.5 米。国道 109 线那曲至拉萨公路改建工程那曲至羊八井段项目 A 线走廊方案（达孜通道）与林芝至拉萨高速公路在达孜区南侧设置枢纽互通进行交通转换。

4. G317 线

G317 国道也称为川藏公路北线、G318 国道支线，起点为四川成都，终点为西藏那曲，全长 2034 千米。G317 技术等级为三级公路，双向两车道，沥青混凝土路面，路基宽度为 7.5 米，设计时速为 40 千米 / 小时。

5. 拉贡高速公路

拉萨贡嘎机场高速公路是西藏第一条高速公路，起点为拉萨市柳梧新区，终点为贡嘎机场，为双向四车道，沥青混凝土路面，路基宽度为 24.5 米，全长 37.8 千米，设计时速为 80 千米 / 小时，道路交通状况良好。

6. S202 线

S202 线南起拉萨城关区，经林周县、松盘乡、旁多乡，在当雄县宁中乡附近与既有 G109 线衔接，全长 173 千米。该路为四级公路，路况较差，基本为简易路面，现状交通量很小。

7. S305 线

S305 线那曲至嘉黎段起于那曲南侧，经林堤、夏玛至嘉黎县，全长 192.7 千米，基本为三级、四级公路，设计速度 30 千米 / 小时，路面宽 7.5 米；目前正按照三级公路标准进行改建。

五、交通运输发展趋势

（一）国家高速公路网布局规划

《国家公路网规划（2013 年—2030 年）》于 2013 年 6 月公布。该规划是公路交通基础设施的中长期布局规划，充分体现了新时期国家发展综合交通运输的战略方针，是指导国家公路长远发展的纲领性文件。按照该规划，到 2030 年，我国将完成 4.7 万亿元投资，使国家公路网总规模扩大至 40.1 万千米，形成布局合理、功能完善、覆盖广泛、安全可靠的国家公路网络，实现首都辐射省会、省际多路连通、地市高速通达、县县国道覆盖。

根据规划，国家公路网由普通国道和国家高速公路网两个路网构成。

普通国道网由 12 条首都放射线、47 条北南纵线、60 条东西横线和 81 条联络线组成，总规模约 26.5 万千米，连接全国县级及以上行政区、交通枢纽、边境口岸和国防设施。

高速公路网由 7 条首都放射线、11 条北南纵线、18 条东西横线，以及地区环线、并行线和联络线等组成，约 11.8 万千米，连接全国地级行政中心、城镇人口超过 20 万的中等及以上城市、重要交通枢纽和重要边境口岸。

7 条首都放射线分别为北京—哈尔滨，北京—上海，北京—台北，北京—香港、澳门，北京—昆明，北京—拉萨，北京—乌鲁木齐。

11 条北南纵线分别为鹤岗—大连、沈阳—海口、长春—深圳、济南—广州、大庆—广州、二连浩特—广州、呼和浩特—北海、包头—茂名、银川—百色、兰州—海口、银川—昆明。

18 条东西横线分别为绥芬河—满洲里、珲春—乌兰浩特、丹东—锡林浩特、荣成—乌海、青岛—银川、青岛—兰州、连云港—霍尔果斯、南京—洛阳、上海—西安、上海—成都、上海—重庆、杭州—瑞丽、上海—昆明、福州—银川、泉州—南宁、厦门—成都、汕头—昆明、广州—昆明。

（二）西藏自治区公路交通发展目标

“十三五”时期，西藏自治区交通运输发展的总体目标是：到 2020 年，基本建成“布局合理、优势互补、衔接顺畅、功能健全、安全绿色”的综合交通运输体系，“三小时综合交通圈”基本建成，全面建成小康社会，交通运输兜底指标全部完成；基础设施网络及枢纽布局更加完善，运输服务更加高效，养护管理水平进一步提高，安全保障能力更加有力，科技创新支撑力度不断加强，绿色交通理念进一步落实，管理体制、机制改革初见成效；到 2020 年，西藏综合运输基本适应经济社会发展和人民群众的出行需要，为经济社会跨越式发展、长治久安提供支撑。

1. 国省干线公路

优先保障现有公路在无重大自然灾害条件下实现常年通车；“拉萨—泽当城镇圈”交通运输基本实现一体化，两翼快速通道加快建设，拉萨至林芝高速公路建成通车，拉萨至日喀则、拉萨至那曲、昌都至德格国家高速公路启动建设；新藏、滇藏等进藏新通道建设继续推进；基本消除普通国道和重要省道断头路；普通国道基本消除无铺装路面，二级及以上公路比重达 14%，三级及以上公路比重达 65%；具备条件的县通二级及以上公路；省道等级以上公路比重达 70% 以上。

2. 农村公路

实现所有县城通油路、所有乡镇和建制村通公路，具备条件的乡镇通沥青水泥路、建制村通硬化路。

（三）拉萨市大交通发展格局

《拉萨市城市总体规划（2009—2020）》提出，拉萨市近期将形成“四桥三射”（含一座铁路大桥）；远期形成“八桥五射”（含一座铁路大桥、一座步行大桥）的对外交通体系，构建拉萨大交通格局，进一步拉开城市发展骨架。其中“五射”为川藏公路、青藏公路、贡拉公路、新贡拉公路、拉林（拉萨至林周）通道。

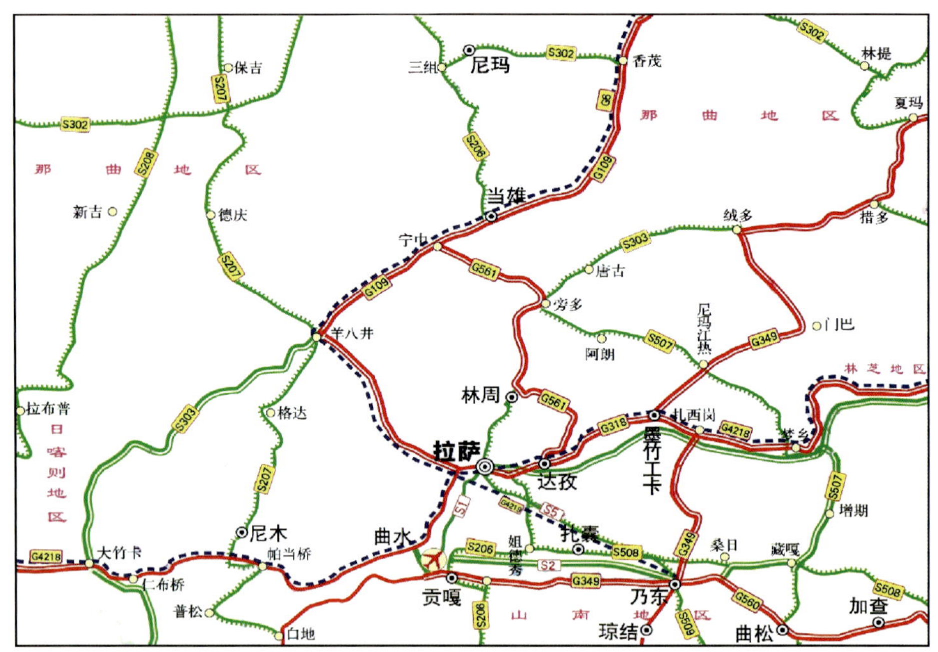

图 1-2-3 拉萨市公路网规划图

（四）那曲市公路交通发展目标

那曲市“十三五”综合交通发展规划提出，“十三五”期间要实现 114 个乡镇全部通畅；到 2020 年，建立和谐的较为现代化的综合交通运输体系，满足经济社会发展的需求，为全面融入西藏自治区交通发展战略提供支持。

国省干线方面，重点提升公路技术等级。通过国省经济干线建设及通乡油路建设项目，实现全市 114 个乡镇全部通畅。

农村公路方面，细化路网，提高路网密度，提升部分重点农村公路技术等级。通过实施农村公路路网升级改造，实现全市行政村通畅率达到 35% 以上。

第二篇　勘察设计篇

概 述

根据高原高寒高海拔特点科学合理的设计，是高海拔公路建设又好又快发展的首要保障。G6 京藏高速那曲至拉萨段经过对项目建设方案、工程环境影响、沿线土地利用、工程节能评价、项目风险控制等加以分析，明晰设计理念，找出难点重点，理清思路，充分论证，最终制定切实可行、科学合理的设计方案，为工程建设的顺利实施打下了坚实的基础。

第一章 勘察设计指导思想

设计思想是工程建设的先导，面对青藏高原高速公路极其复杂的自然条件给工程建设带来的巨大挑战，必须牢固树立和贯彻落实创新、协调、绿色、开放、共享五大发展理念，坚持创新发展，培育交通运输发展的新动力；坚持协调发展，形成交通运输平衡发展的新格局；坚持绿色发展，探索交通运输可持续发展的新模式；坚持开放发展，开拓交通运输发展的新空间；坚持共享发展，让人民群众共享交通运输发展的新成果。国道 109 线那曲至拉萨公路改建工程那曲至羊八井段项目针对特殊的建设环境，贯彻“安全抗灾、环保和谐、经济节约、便捷舒适”的指导方针，明晰项目功能及定位，坚持可持续发展和环保节约的方针，做好项目勘察设计工作；开拓勘察设计思路，创新勘察设计理念，为项目建设开好篇，谋好局，服好务。

一、树立创新发展的思想，开拓创新，破解工程技术难题，提高设计水平

通过设计方法及技术的创新，解决公路抗灾、抗震、抗冰冻，工程造价控制等突出问题，以及不良地质处治、生态环境保护和高海拔特长隧道设计等一系列复杂技术难题。不但要针对项目特殊性研发新技术，更重要的是推广应用新结构、新设备、新材料及新工艺，提高公路建设的科技含量。

二、树立协调发展的思想，灵活设计，求得系统整体协调，创建和谐公路

树立灵活设计理念，就是要充分结合沿线自然地理条件、社会经济环境特点，科学确定公路走廊、建设标准，合理布设路线、公路结构及设施，灵活采用技术指标、结构及设施形式，取得安全、环保、便捷、经济各方面问题的综合解决，达到系统的整体协调，创建与沿线环境共同持续发展的和谐公路。

图 2-1-1　当雄县互通，由互通下可直达纳木错景区及圣象天门

三、树立绿色发展的思想，精细创作，确保设计产品质量，打造精品工程

精细是保证公路建设质量的基本要求。只有通过精细化设计、管理、施工，才可能建设精品工程，保证百年大计的实现。精细化勘察设计是打造精品工程的根本保障。要树立精细创作的理念，把设计产品当作设计作品，变设计工作为设计创作，加强总体设计，夯实基础资料，强化过程管理，用心测设，精心创作，设计出有特点、有风格、有深度的高质量精品，提升公路的整体质量。

四、树立开放发展的思想，优质服务，促进工程顺利实施，高效建成项目

公路勘察设计作为特殊的技术服务，应树立优质服务的理念，以肩负社会责任和历史使命的服务精神，描绘出安全抗灾、环保和谐、经济节约、便捷舒适的公路，为国家经济建设服务；以客观科学、求真务实的服务态度，确定符合实际、经济合理的建设标准、方案和规模，为政府及行业决策当好技术参谋；以勘察重翔实、设计重合适、实施重及时的服务作风，创作出高水平、高品质的图纸作品，积极主动配合建设的后续服务，为工程顺利实施和高效建设把好关、站好岗。

结合 G6 京藏高速公路高原高寒高海拔地理因素，秉承科学合理设计发展的理念，在满足设计规范的前提下，尽量做到节约用地、少拆房屋、方便群众、依法保护环境、保护文物古迹。

第二章　设计挑战

由于国道 109 线那曲至拉萨公路改建工程那曲至羊八井段项目既是西藏自治区连接其他省市的纽带，也是“一带一路”倡议中的重大工程，政治、经济、国防意义重大，因此设计面临一系列重大的挑战：

（1）该项目为高寒高海拔高等级公路，所属区域地形地貌复杂多变，地质病害多，区域相对高差大，海拔高度为 3660—4800 米，设计难度大。

（2）该项目所属区域地震烈度高，路线走廊带地震动峰值加速度为 0.20—0.40g，抗震基本烈度为Ⅷ—Ⅸ度，必须重视抗震设计。

（3）该项目沿线农牧业发达，草地分布广泛，项目建设要考虑动物迁徙及放牧的需求。

（4）该项目沿线城镇规划、公路、铁路、输油管线、高压输电线路及规划输气管道基本布设于同一走廊内，路线布设干扰大，协调难度大。

（5）该项目沿线西藏民族风俗文化独特，人文古迹较多、旅游资源丰富。

（6）该项目区地处高原，沿线生态环境脆弱，植物生长缓慢，环境恢复困难，环境保护问题的社会关注度高，环境保护压力大。

（7）该项目隧道为高海拔寒区隧道，隧道设计技术难度大，防水是基础，排水是核心，保温是关键。

第三章 设计重点与设计理念

一、设计中的重点问题

（一）加强重点路段比较线的方案研究

深入研究其他用地范围的比较方案和互通的比较方案，加强与政府和其他用地单位的沟通与联系，并与推荐方案同深度比较，控制工程造价，节省投资。起点合理的接线及那曲河水源地同精度的比选，采用 48+85+48 米连续梁有效地保护那曲市的水资源。

（二）注意合理避让保护区

依据保护区范围边界坐标，合理、有效地避让保护区，使施工图方案既不影响保护区，又能较好地控制工程规模。

（三）特殊路基处理关键技术研究

由于该项目为高寒高海拔高等级公路，所属区域地形地貌复杂多变，滑坡、崩塌、泥石流、水草湿地、季节性冻土、涎流冰等地质病害多，掌握特殊路基处理的关键性技术意义重大。

（四）高海拔寒区隧道关键技术研究

该项目地处海波 3000—4800 米的高原地区，气温低，空气稀薄，温差变化大，气压低，自然环境恶劣，生态环境极其脆弱，对隧道的防坍塌、防水、防冻害等关键技术及施工关键技术要求极高。

二、建设项目设计理念

（一）贯彻抗灾避灾、运营安全，创新发展提升全寿命整体安全的理念

注重安全保障是公路建设以人为本的根本要求。项目设计不但要确保工程结构的安全可靠，还要加强对运行车辆的安全防护，注重公路的防灾避灾、抗震减灾，从设计源头上采取切实有效的措施，提高公路交通的防灾、抗灾能力和安全水平，为公路使用者提供有力的安全保障。

（二）贯彻保护自然、和谐社会，公路与自然人文环境协调发展的理念

既要与自然环境友好相处，又要与社会经济环境和谐相融，要坚持“不破坏就是最大保护”的理念，最大限度地保护沿线自然生态环境，协调配合沿线社会经济环境，实现公路与自然、社会及其他人工系统的整体协调和全面发展。

（三）贯彻节约资源、节省投资，绿色发展节约公路全寿命成本的理念

图 2-3-1 冻土课题实地研究

要贯彻“节约资源、节省资金”的理念，提高土地利用效率，合理确定设计方案及工程规模，以尽可能少的土地占用和资金投入建设高质量的公路，达到最大的经济和社会效益。要科学合理地利用公路走廊资源，用好每一寸土地，节省每一份资金，努力降低工程投资。

（四）贯彻出行便捷、行车舒适，让人民享有交通运输发展成果的理念

树立“用户第一，行者为本”的理念，提高出行的方便性和快捷性，保持线形连续、均衡，确保行驶安全、舒适，以自然、朴实为导向，恢复、重塑及美化公路环境，合理设置路线交叉，为司乘人员提供方便、舒适的行车环境和优良的人性化服务。

第四章　路线设计

根据有关部门的指导精神，结合 G6 京藏高速在国家及西藏路网中的重要地理位置及作用，设计单位在设计上根据地质条件，绕避大规模农田、畜牧区及生态水源保护地；在符合规范的前提下灵活布设路线，尽量避免大填大挖；加强与当地政府的沟通，满足群众需求；加强科学技术创新，结合施工实际对重大技术难点问题开展研究工作，为将 G6 京藏高速公路那曲至拉萨段建设成为高质量、生态型、环保型的先进水平的高等级公路奠定了基础。

一、坚持多方案的比选论证的原则

该项目地形地质条件复杂，沿线城镇规划、既有 G109 线、青藏铁路、自然保护区、水源保护区等控制因素多。设计过程中对各个路线方案做了深入、细致的研究；在比选论证时，不仅着眼于工程方案本身，还将“通畅、安全、生态”作为重要考量，使得拟定的方案具有安全便捷、技术可行、经济合理的优点。

二、坚持技术指标与地形条件相协调的原则

提高技术指标有利于提高车辆运行质量，降低技术指标有利于适应地形、降低造价。基于高原高海拔的自然条件对技术指标选用的客观影响，路线设计在保证行车安全的前提下强调因地制宜选用技术指标，坚持路线与地形相协调原则，不片面追求高指标。

三、坚持地质选线的原则

该项目区位于青藏高原腹地，地质构造复杂，地质灾害类型多，分布面广，成因复杂。地震多发，发震断裂与路线同走廊；部分灾害存在极强的隐蔽性，会给公路施工运营带来不可估量的影响，甚至引发次生灾害，形成不良的连锁反应。因此，路线布设应首先研究路线走廊内的地质条件，坚持地质选线。

四、贯彻降低工程造价的原则

该项目进行了影响区的社会、经济、交通组成调查、分析，根据其功能定位、预测的交通量分布状况，对不同的设计路段，按不同的服务水平，论证相应的技术标准、路基横断面形式，拟定不同技术标准路段长度划分的原则。根据拟定的技术标准，逐段进行路线平、纵、横适宜技术指标论证，分析采用不同技术指标与初拟的技术标准的适应情况和工程规模对比；论证路线的技术指标运用及与相邻路段的协调情况，适度掌握技术指标，合理控制填挖高度，尽量避免大填大挖，处理好技术先进与经济合理的关系。

五、综合考虑路线与水利设施、既有道路、自然保护区的关系

G6 京藏高速公路那曲至拉萨段是西藏自治区联系祖国其他省市主要通道的组成部分，设计中在考虑发挥骨架公路功能的同时，合理确定路线控制点，合理布设构造物和互通立交出入口，妥善处理好项目与相关的铁路、公路、各类管线、旅游景区等的关系。

六、重视环境保护、生态保护，做好减排和景观设计

设计坚持公路与自然和谐的原则。路线选线充分利用地形，顺应山势，与周边的

图 2-4-1　右侧为当雄县互通，左侧河流为当曲河，中间为既有 G109 线

环境景观相互协调，尽量减少高填深挖，减少弃方，减少对植被的破坏，减少人工构造痕迹，减少污染排放，做好施工及运营期环境保护工作，有效保护自然生态环境。此外，设计中还积极推广运用新技术、新材料、新工艺，并高度重视公路与环境新景观的构建，景观建设力求因地制宜、融入自然。

七、充分考虑土石方平衡，减少借方数量

该项目桥隧比例低，借方数量巨大。沿线沟谷宽阔，生态脆弱，取土场设置困难。设计通过充分利用隧道洞渣、考虑降低路堤高度等，从不同角度出发，统筹考虑，综合寻求减小借方数量的方法。对于取弃土场，做好防洪、造地复垦和植被恢复设计。

第五章 特殊路基设计

一、水草湿地（水草沼泽地）

非多年冻土区水草地及水草沼泽主要由第四系松散岩类孔隙潜水、基岩区孔隙裂隙水形成，主要分布于河谷及沟谷两侧平缓坡脚、阶地前缘、河漫滩、冰水—冲洪积扇前缘地下水溢出带；一般地表植被较发育，道路形成翻浆现象，且冬季形成涎流冰，对拟建公路有较大的影响。

那曲河及其支流局部地段地下水埋藏较浅，局部地下潜流溢出，形成片状湿地。地表积水具有季节性，雨季（5—9 月）时积水严重，局部形成小型湖塘；旱季（9 月至次年 4 月）时，地表水退化，积水现象消退。项目区处于高寒地区，季节冻胀、融沉现象发育，地表水回渗路基，加剧冻融现象发生，促进了路基破坏；水草沼泽地发育段草皮一般较厚，具有高压缩性。对此，采用提高路基，以填方通过的处理措施。如草甸土厚度不大于 3 米，即采用挖除换填方案。以砂砾、片石或卵砾石换填。填筑要求、指标同路基填筑要求。如草甸土厚度大于 3 米，则采用强夯碎石桩方案。

二、季节性冻土

由于项目区属于季节性冻土区，在路基设计上需要考虑冻胀及融沉对路基的不利影响。具体的处理措施是提高路基，以填方通过季节性冻土区；尽量避免出现零填、低填路基。在水文及水文地质条件不良地段，加强地表及地下排水，排水沟、边沟下设置碎石盲沟，同时在填方路基基底设置毛细水隔断层，在挖方路床范围内换填粗颗粒土（碎石、砂砾）等以控制路基冻胀。在各种圬工砌体底部设置砂砾垫层，以避免冻胀对工程的危害；基础埋深位于冻结线以下。必要时采用换填法，采用粗颗粒土（碎石、砂砾）等非（弱）冻胀性土对冻胀性强的粉土、粉质黏土进行置换，以消除冻胀的危害。

据此设计，在建设中通过采用粗粒土填筑路基，采用砂砾换填水草地路段不良土，在低填浅挖段及挖方段进行粗粒土换填或翻挖碾压及换填层或路床层底设置防渗土工膜，基本上对季节性冻土进行了全路段各种路基形式的防治。

三、地震沙土液化

路线所经区域为地震活动高发区，Ⅱ、Ⅲ类场地基本地震动峰值加速度分别为0.20g、0.30g、0.40g；地震烈度分别为Ⅷ、Ⅸ度；地震动反应谱特征周期为0.45秒。根据地质调绘及勘察资料，地下水位埋深一般为2.0—7.5米，地层以第四系全新世松散冲洪积物为主，浅部发育粉土、粉砂，天然地基承载力低，在地震作用下稳定性差，易产生液化现象。对此，设计采用了冲击碾压压密、桩基穿透粉砂层等防治措施。

图 2-5-1　桩基检测（一）

图 2-5-2　桩基检测（二）

四、盐渍土处治

项目所在区域蒸发量大、降水量小，泥沼堆积区由于草皮退化、地面积水形成的水塘，或者冲积平原区低洼地带地下水聚集而成的水塘，会由于地下水位下降，逐渐干涸而形成椭圆形的泥沼坑，坑底及周边有盐霜分布。部分地势较低的冲积平原区地下水位浅埋地段，如罗玛镇南部及青藏铁路沿线，春季地表亦有盐霜，局部有蓬松土分布。

沿线采样地质勘探及调查显示，项目区盐渍土不发育；按含盐化学成分分类，可分为亚硫酸盐渍土、硫酸盐渍土、亚氯盐渍土。

鉴于项目区盐渍土分布范围小、埋深较浅且厚度有限，其处理措施可与沼泽湿地软土、季节性冻土处理的措施一并进行考虑。对于盐渍土分布路段，清除表土30厘米后换填砂砾；对路基部分的处理，结合路基填土高度选择对应的季节性冻土处理方案即可满足要求。由于项目盐渍土分布路段与沼泽湿地软土处理路段重叠，在沼泽湿地软土处理时已进行处理，因此不再单独给出处理工程数量。

五、风积雪处治

项目位于那曲市色尼区境内部分平均海拔在4500米以上，冬季气候寒冷漫长，多风雪，易发生雪灾。统计近30年那曲地区发生雪灾的灾情资料发现，从季节上看，除盛夏6—8月份没有出现雪灾外，其他月份均有发生过雪灾，其中10月雪灾最频繁；雪灾造成了大量的牲畜死亡、人员伤病等。因此，项目设计要充分认识到雪害的严重性。

项目沿线积雪以自然降雪为主，一般发育在山脊背面阴坡处及地形低洼处。因四周山体高耸，不利于风力吹走积雪，且气温较低，导致积雪不易融化。积雪和积雪产生的融水结冰会造成行车困难，危害较为严重。

一般积雪区，路线宜选择布设于阳坡上。因项目区冬季主导风向为西风，路线布设尽可能地选择了与主导风向平行或交角小于30° ，并避开风速骤减区段；通过山地丘陵时，尽量利用四面通风的开阔地、台地、山梁、垅岗等地形。

对于风积雪路段，合理设计路基断面形式，采用缓边坡填方路堤，避免或少采用挖方路堑；使中央分隔带与路面平齐，将路肩与边坡相交处设成圆弧形；清除路基两侧15—20米范围内凸出的卵石堆、小土丘、草墩、灌木丛等障碍物。

风积雪路段的路堤横断面采用流线型或缓边坡，路堤高度比当地50年一遇的最大降雪厚度高出1—1.5米。对路堤高度小于等于2米的路段，将边坡坡度放缓至1∶3，以利于风雪流顺利通过；路堤高度大于2米的路段，按照一般路基进行设计。

对必须采用挖方的路段，尽量避免采用挖深2—6米的路堑；对挖深不大于2米的全路堑，采用敞开式路堑；对挖深大于2米且小于等于6米的全路堑，挖方路堑断面内路基以填方形式出现，填土高度为1.5米，路堤坡脚设置1米宽的平台，并增设4米宽积雪平台；对挖深大于6米的全路堑，将边坡碎落台适当加宽至3米，以兼顾积雪平台，其他均按一般路堑设计。

在全路堑、迎风半路堑、背风半路堑等路段设置防雪网或挡雪墙，其中挡雪墙适用于路堤坡脚或路堑坡顶地形平坦的路段，对地形起伏、不便设置挡雪墙的路段可设置防雪网。防雪网、挡雪墙分别设置在上风侧路基坡脚（或路堑坡顶）外40米、35米处，可根据现场地形情况进行灵活微调。

冰雪灾害防治应以防为主，防治结合，管养结合；因此设计在管养设施中配备一

图 2-5-3　路基边坡检测

定数量的除雪、除冰机械设备，以利公路运营中的保通作业。

六、涎流冰处治

在高海拔地区以及局部阴坡路段，冬季均有不同程度的涎流冰。项目区内冰雪融水较多，沿线自然边坡、坡脚上存在出水点及流水沟，出水点及流水沟中的水流在坡面上形成含水量较大的湿地，水草茂盛，夏季形成湿地，有流水；冬季结冰，在这些地段坡面结成冰溜，可能形成涎流冰。

涎流冰路段设计贯彻以防为主、防治结合的原则，采取排、挡、截等工程措施结合养护管理工作来加以防治。路线布设在干燥的阳坡，采用路堤或浅路堑通过。对挖方路堑存在渗水的路段，为避免冬季形成涎流冰，影响道路通行，在边坡坡面正常防护内部每隔10米增设一道干砌片石支撑渗沟。支撑渗沟嵌入坡面内2米，支撑渗沟上部设0.5米防冻保温层，支撑渗沟底部与路基渗沟相接，将坡面渗水统一引入路基渗沟排除。

七、泥石流

项目区泥石流灾害发育，主要分布在羊八井至古荣乡构造侵蚀高山地貌区，泥石流成因均为降水型泥石流，总体特征是爆发频率高，但爆发规模较小，单次冲出量较小。

结合区域工程地质和水文地质条件以及灾害点与路线走向的总体关系，项目泥石流治理方式主要为通过排导槽将泥石流冲出物质排出路线影响范围外。

八、崩塌、危岩

崩塌、危岩主要发生于陡峻的基岩斜坡表面。项目区地质构造较为发育，加之项目区地处高寒地区，寒冬风化强烈，因此节理、裂隙发育，岩体风化强烈，易发生崩塌灾害。对此的处理可结合岩体节理、裂隙的发育对SNS主动网的设置进行适当的调整，在施工现场发现危岩及松动岩石及时进行清理。

第六章　桥涵、隧道设计

一、桥涵构造物设计原则

项目桥涵构造物紧密结合构造物所处的地形、地质、水文等条件进行设置。

桥梁、涵洞（含立交桥）结构形式的采用，根据本地区的自然条件、材料来源、地基情况、施工特点和使用要求，遵循“安全、适用、经济、美观”的原则，进行综合考虑。桥型选择技术先进、受力明确的方案；同时重视与周围人文、景观环境的协调性，考虑造型美观以及结构的耐久性。

对常规大中桥梁，根据不同墩高、跨径和桥型综合比选论证，选定合理的桥型组合。

在服从路线走向的前提下，考虑桥梁跨越处河道、沟渠的排洪、引水的要求。同时根据路线两侧的通行需要，适当增加桥长，尽量做到一桥多用。

图 2-6-1　向嘎特大桥

跨越主要河流、等级道路和重要水利设施时设置桥梁构造物。

桥位选择与河道整治、水利规划、防洪、泄洪、环保等密切配合。

设计跨越有泄洪功能河流的桥梁时，征求地方水利部门的意见，明确近、远期河道整治规划、河流疏浚规划。同时参照水文分析成果资料，保证桥梁布孔满足泄洪和抢险要求。

对于兼跨排灌沟渠及通道的桥梁，通过现场调查搜集资料并征求相应级别政府部门意见，进行孔跨布设时注意了满足排灌需要，满足不同通道净空需要。在此前提下，对少量沟渠及通道适当改移、归并，必要时增加线外工程，以降低主线工程造价。

对于桥头有高路堤，占用优质草场（或湿地）较多，且需大量借方或远运填料的情况，在设计中考虑适当延长桥孔。

在跨越深沟时，根据沟底纵坡、填土高度、工程地质条件及环保、美观等因素具体分析，一般当填土高度大于20米、沟底地质条件不良或沟底纵坡较陡、路基放坡侵占沟下游构造物或主河道而设置路基挡墙不合理时，选择采用桥梁跨越。

相邻且距离很近的一般性桥梁，采用一致的结构形式，同时注意避免桥与桥之间的距离过短，特别是在填方段。如遇这种情况，将桥梁连通或调整路线纵坡改为路基，以利于工程施工管理，保证工程质量，减少运营阶段的桥头跳车问题。

在路线受地形限制，桥梁跨越深冲沟时，水文计算一般不作控制要素，桥梁按正桥布置。

小桥涵根据当地地形、地质、水文、填土高度，结合水利设施，兼顾人、机、动物通行等具体情况进行布设。为了减少涵洞淤积和水毁发生，涵洞进出口尽可能考虑设置消力槛和沉砂池等设施。

交叉构造物严格按建筑净空要求布置。施工期间桥下有通行要求时，采用预制结构件，以降低施工期对正常交通运营的影响。

二、桥梁设计特点

国道109线那曲至拉萨公路改建工程那曲至羊八井段项目桥梁设计符合安全、适用、经济、标准化、系列化、通用化的原则要求，以节省投资，缩短工期。

设计中强化经济比较，在无特殊要求时尽量采用经济跨径。

为减少伸缩缝数量和提高桥面行车舒适性，在设计中尽量采用连续结构。高墩大跨桥梁及连续现浇桥梁采用结构连续，常规桥梁采用桥面连续。

对于常规桥梁，尽量采用预制标准化结构，力求方便施工，缩短工期，降低造价。

项目位于山区的段落施工困难，场地狭窄，路线多曲线且半径小，路线纵坡大。将常规桥梁上部最大跨径控制在 40 米以内，并适当减少预制种类，以便对距离较近的桥梁统一跨径。

对于跨越河流较宽、高差较大的桥梁，选择大跨度预应力混凝土连续刚构桥（或预应力混凝土连续刚构—连续梁组合桥）。

桥梁方案选择时，充分考虑施工场地、施工工艺及工期、征地拆迁、材料运输条件，避免设计与施工脱节，以减小上下部施工难度、尽量缩短工期。

设计过程中深入考虑桥梁高跨比的选择，避免桥梁与自然环境不协调。

综合考虑涵洞的使用性质、泄洪流量、路基填土高度、地质条件及材料供应情况，采用钢波纹管涵。涵洞孔径选择，除满足使用功能外，还考虑到清淤方便并兼顾人、机、动物通行。钢波纹管涵跨径在 2—4 米。

三、隧道设计原则

依据现行的国家和交通运输部颁有关规范、规程和技术标准，充分吸收和借鉴、参考国内外类似公路建设工程的成功经验，再结合项目现场实际情况，按照“安全、环保、舒适、和谐”的新设计理念进行设计。

隧址的确定贯彻地质和环境选线原则，避开各种不良地质体，不得不穿越时遵循“避重就轻、趋利避害”的原则，进行多方案综合分析和比选，使其对隧道工程的影响降到最低；并做好有针对性的工程处治方案和预案。

对于越岭线长隧道，根据不同的越岭标高拟定多种方案进行全面的技术、经济比选，选择最佳方案；对于地质条件比较复杂的长隧道也拟定多种方案进行全面的技术、经济比选，选择最佳方案。

尽量做到隧道进洞与山体正交，尽量避免顺山坡边通过且平行边坡，以防浅埋偏压造成结构的不稳定，影响结构安全。

隧道洞口段的设计主次分明，结合当地民俗风情，重点突出，根据各洞口实际地形、地质条件，按“一洞一门”进行设计，以创造与周围环境协调的视点为原则，既不过分强调人工化，也兼顾美学效应，把隧道工程融于周围自然景观中。

图 2-6-2　当雄隧道

一般防排水设计遵循“防、排、堵、截相结合，因地制宜，综合治理”的原则，防止因隧道出现渗漏水而影响行车安全和运营安全，并确保排水系统的可维护性；对于环境敏感区应遵循“以堵为主、限量排放”的原则，最大限度地保护地下水环境，减少对环境破坏。

项目隧道为高海拔寒区隧道，若保温防冻问题未能解决好，将严重威胁行车安全，降低隧道使用寿命，造成后期养护与管理难度极大，因此采取了妥善的保温防冻设计。

在不危及行车安全、不影响通行能力的前提下，隧道通风照明设计应积极推广节能技术和设备。

隧道设计应基于完整的勘测、调查资料，综合考虑地形、地质、水文、气象、地震、交通量及其构成，以及营运和施工条件，进行多方案的技术、经济、环保比较，确保符合安全实用、质量可靠、经济合理、技术先进的要求。

四、隧道主体结构设计

（一）洞门设计

洞门设计以“早进洞，晚出洞”为原则，最大限度地降低洞口边坡、仰坡的开挖高度；洞口段侧坡及仰坡均应避免大挖大刷，以保证山体的稳定，同时减小对洞口自然景观的破坏。当前公路隧道洞门形式主要有削竹式洞门、端墙式洞门、翼墙式洞门以及明洞式洞门等几种，其他的洞门形式一般是在以上几种形式的基础上根据洞口条件进行变化、组合或装饰以达美化、洞内外协调过渡的效果。在设计中结合每座隧道的特点，如洞口地形、地质、水文条件以及结构形式等进行了洞门位置与形式的选择。

在地质、地形条件适宜时优先选择削竹式洞门。该种洞门形式具有行车条件好、与自然环境结合自然等特点。当地形陡峭且可能存在自然落石时，优先选择端墙式洞门；当洞口地质条件较差时，酌情选择了翼墙式洞门。

洞门与洞口的地形、地貌结合良好，并与洞口地形、地貌协调一致。结合其结构特点与周围地形地貌种植树木和植草。

（二）衬砌结构设计

基于对隧道围岩级别、地质条件的考虑，除在洞口段采用明洞式衬砌结构外，其余洞身段均按照新奥法原理设计，采用复合式衬砌结构。

1. 明洞衬砌

各隧道洞口均根据洞口段地形、地质情况设置了长度不等的明洞。明洞断面分为标准型与单压式两种类型，均采用钢筋混凝土结构。

罗杰康萨明洞采用 70 厘米钢筋混凝土结构，明洞断面分为标准型与单压式两种类型，均采用钢筋混凝土结构。

2. 洞身段衬砌

洞身段衬砌采用复合式衬砌，隧道支护参数是根据围岩级别、工程地质与水文地质条件、地形、埋深、跨度以及施工方法等以工程类比法确定，并通过对施工过程的数值分析进行校核。特别对洞口浅埋及偏压段落和软弱围岩地段进行了洞室围岩稳定性和开挖施工力学分析，在隧道洞口段采取了保温防冻胀设计。初期支护采用喷、锚、网、钢拱架支护，与围岩密贴，共同组成承载结构。根据围岩条件、开挖断面在钢拱架拱脚、墙脚处设锁脚锚管（杆）。喷混凝土采用湿喷工艺。径向锚杆在施工中结合岩层产状作调整，并均加设垫板。二次衬砌采用钢筋混凝土或素混凝土，施作的合理时间根据施工监测数据确定。此外，在设计中还根据岩性、地质条件辅以长、短管棚及超前锚杆等预加固措施。在施工中基于现场量测分析调整设计参数，实现了动态设计、信息化施工，确保了工程的安全和经济。

3. 辅助施工措施

项目采用的辅助施工措施主要有：超前长管棚、超前小导管与超前锚杆。

（1）超前长管棚

于隧道两端洞口，根据洞口地质情况，设置 20 米或者 30 米长管棚，通过长管棚注浆提高围岩自身承载能力，改善结构受力条件。管棚钢管采用 ϕ108 毫米 ×6 热轧无缝钢管，分段安装，分段长 3—6 米，环向间距 40 厘米；导管注浆孔孔径为 15 毫米，间距为 30 厘米，呈梅花形布置；压注水泥浆；钢管管心与明洞顶外轮廓线间距大于 20 厘米，仰角 1°—2°（不包含路面纵坡）。为方便管棚施工，设置长 2 米、厚

70厘米的护拱，其基础放置于稳定地基上。

（2）超前小导管

小导管采用 ϕ42毫米无缝钢管，长度为4.0—4.5米。小导管前部注浆孔孔径6毫米，间距为15厘米，呈梅花形布置；尾部105厘米长度内不钻孔。小导管环向设置间距40厘米，外插角10°—15°，两组小导管间纵向水平搭接长度不小于100厘米。

（3）超前锚杆

超前锚杆采用 ϕ22毫米药卷锚杆，长度4.0—4.5米。锚杆环向设置间距为40厘米，外插角10°—15°，两组锚杆纵向水平搭接长度不小于100厘米。

（三）隧道防排水设计

防排水设计的原则是防、截、堵、排相结合，洞外、明洞、暗洞各防排水系统组成完善且可维修养护的洞内、外防排水体系，使隧道防水可靠、排水畅通，以保证隧道建成后达到洞内干燥的要求，保证营运期隧道内不渗不漏，保证隧道结构、隧道内设备的正常使用和行车安全。

1. 洞口段防排水

明洞段衬砌采用外贴防水层，洞顶回填并设置黏土隔水层；洞顶刷坡线5米以外设截水沟，以防止雨水危害坡面及洞口。截水沟与路基排水形成完整有效的排水系统。当为反坡时，为避免大量雨水流入隧道内，在洞口外设置横向拦水沟，将洞外路基边沟适当加深，以确保水流的畅通。

2. 洞身段防排水

（1）防水措施

衬砌防水引入分区防水的概念，在初期支护与二次衬砌之间铺设由土工布与EVA防水板（一布一膜）组成的防水层；在施工缝和沉降缝均设置中埋式橡胶止水带和背贴式止水带，使防水板每隔一定距离便有连续突出的止水肋嵌入二次衬砌中，令地下水不能大范围流动。在仰拱和二次衬砌施工缝出设置钢边止水带，二次衬砌混凝土抗渗等级不低于P8。

（2）排水措施

为了有效排除衬砌背后围岩水与静水压力，在初期支护中设置完善、有效的排水盲沟系统，采用环向半管和软式圆管引排围岩水，设置间距4—10米；在衬砌背后边墙脚设 ϕ160毫米纵向排水管，起汇水与排水作用。围岩水由环向排水管引到纵向排水管，再由横向引水管排到中心排水沟中。环、纵向、横向排水管均采用三通管连接，封堵与连接稳妥，以防混凝土灌入、堵塞管路。另外，每隔 50 米边墙设置一处纵向排水管检查井与排水边沟沉砂井，每隔 100 米设置一处中心沟检查井，以实现排水系统的可维修性。采取围岩水与路面污水分开引排的原则，由中心水沟或者侧沟排放围岩地下水，由排水边沟排放清洗水、雨水，以利于环保。

图 2-6-3 羊八井 2# 隧道

为防止路面下的地下水渗到路面，影响行车安全，在隧道路面下设置排水盲沟，排除路面下积水，并在两侧检修道设置集水凹槽。

（四）隧道抗震设计

1. 洞门抗震设防措施

对于岩体较差的洞口，采取锚、注、喷措施主动加固仰坡坡体，增大岩体粘聚力（C）、内摩擦角（φ）值，减小主动土压力。

洞门采用整体式钢筋混凝土结构，洞门端墙与衬砌环框间加设抗震连接筋，端墙嵌入两侧边坡的深度适当加大。

在洞门墙长度较大或地基条件有明显变化处设置抗震缝。

2. 明洞抗震设防措施

明洞洞身结构均采用钢筋混凝土。

墙背回填采用浆砌片石等弹模较高的材料，增大回填高度，以提高弹性抗力，增大周围岩体对衬砌结构的约束，减小结构内弯矩。

隧道明洞段每 10 米设置一道变形缝。

3. 洞身段抗震设防措施

隧道洞身初期支护采用柔性结构，二衬采用钢筋混凝土结构。

隧道横通道与主洞的交叉口二次衬砌均采用钢筋混凝土结构。

（五）隧道监控量测

为了及时掌握围岩在开挖过程中的动态变化和支护结构的稳定状态，提供隧道施工全面、系统的信息资料，为评价和修改初期支护参数以及确定二次衬砌的施作时间，确保施工安全与支护结构的稳定，结合隧道特点，开展了地质超前预报、隧道围岩变形量测、支护结构变形及受力量测等监控量测项目。

1. 地质超前预报

（1）施工阶段地质调查

隧道施工中，根据对已开挖地段的地质调查，可推测前方的地质条件。调查的主要内容有隧道开挖面的地质素描、岩体结构面调查和涌水观测等。

（2）施工地质探测

施工地质探测是预测隧道开挖工作面前方围岩的工程地质和水文地质条件较可靠的方法，有坑探、钻探和物探等探测方法。

（3）施工地质预测

施工地质预测是为进行地质预报而根据施工地质调查和施工探测的结果，按照已开挖围岩的工程地质和水文地质特征，对隧道开挖工作面前方一定长度范围内的围岩工程地质和水文地质条件所做的分析推断和评估工作。

2. 隧道围岩变形量测

隧道围岩变形量测即通过洞内外观察与洞内变形收敛量测来监控洞室稳定状态和评价隧道变形特征，属必测项目，包括净空收敛量测、拱顶下沉量测等内容。对于洞口段、浅埋、偏压段还需增加地表下沉量测。量测断面布置、量测频率和时间按现行施工规范执行。

3. 支护结构应力、应变量测

采用应变计、应力盒、测力计等监测钢拱架、格栅支撑、锚杆和衬砌受力变形情况，进而检验和评价支护效果。

4. 围岩稳定性和支护效果分析

通过对量测数据的整理与回归分析，找出其内在的规律，对围岩稳定性和支护效果进行评价，然后采用位移反分析法，反求围岩初始应力场及围岩物理力学参数，并与实际测定对比、验证。

第七章 环境保护与景观设计

一、设计理念

环境保护与景观设计坚持“绿色、协调、创新”的设计理念。环境保护设计以恢复公路生态、防治水土流失为出发点，最大限度地保护公路沿线的自然和生态环境；追求人、车、路与自然环境和社会环境的和谐统一，在满足基本功能情况下，尽可能地节约工程造价，降低成本，恢复当地生态环境，实现投资的最佳效益。景观设计的具体设计理念为：打造一条“畅、安、舒、美”典范公路，展现高原景观的最美视角，创设西藏绿色交通的形体示范，建立高原文化展示的生态索引。

二、设计原则

环境保护设计坚持“不破坏、少扰动、多恢复”的原则。根据项目高寒高海拔的特点针对性设计环境保护方案，对可能发生的污染事故进行风险分析，并制定应急预案；最大限度地减少生态破坏，保护原有植被和水资源，防止施工活动对周围环境造成污染和破坏。

景观设计的原则为：保证安全性，尊重地域性，追求整体协调性和动态设计性。

公路规划、设计、建设严格执行环境影响评价、水土保持方案相关要求，坚守环保底线，坚守生态红线、林地红线。公路规划、设计时绕避自然保护区、湿地公园、森林公园、风景名胜区、饮用水水源保护区和重要湿地、生态公益林等环境敏感区域，按照“不破坏、少扰动、多恢复”的原则，最大限度保护公路沿线自然与生态环境。结合西藏地区公路不同建设分区的自然环境特点，设计、实施适用的环境保护工程和水土保持工程。环境保护工程和水土保持工程与主体工程同步建设验收。

公路建设集中进行取料、弃渣，在水源保护区、自然保护区、风景名胜区和重要湿地、林地等环境敏感区域，禁止设置取料场、弃渣场；尽量少占耕地、林地、湿地、草甸和草原，做好表土剥离养护，减少植被破坏；在项目建设后期，采取生物和

图 2-7-1　牧民与牲畜穿行通道

工程措施，做好取料场、弃渣场等施工用地的场地平整和生态恢复。实施封闭工程的高等级公路，建设供动物迁徙的通道和牧道，保护野生动物，为当地群众生产生活提供方便。

公路规划、设计和建设始终围绕把西藏建设成为世界重要旅游目的地这一目标，实施必要的景观设计。旅游景区公路沿线适当增加必要的旅游服务功能，适应和利用西藏独特的自然环境，充分体现传统藏文化和特殊地域文化等人文特色。

三、各专业设计中考虑的环保措施

（一）路线设计

路线设计坚持环保选线，最大限度地保护生态环境。

公路设计选线时，充分结合拉萨市、那曲市及沿线城镇总体规划，遵循“靠而不进，离而不远”的原则，与城镇总体规划相协调，尽量避开水库、村镇、文物古迹等环保敏感点。

对于平原及微丘路段，尽可能降低路基高度，对于低路基采用缓边坡设计；对于山区路段，尽量避免高填深挖，宜桥则桥，宜隧则隧，使公路与沿线自然环境相协调。

对于高寒草甸尽可能地进行绕避、减少占地。对于无法避让的，采取相应的环境保护措施。尤其是临时用地，施工完工后需做好生态恢复。

总体而言，路线设计充分考虑了当地环保要求，做到了合理布线。

（二）路基设计

路基防护设计中贯彻绿色环保理念，在充分考虑边坡稳定的前提下，以植物生态防护为主，工程防护为辅，两者相结合的原则，确保路基稳定，且与生态环境相协调。

在弃土场的选择上，从保证公路运行及公路沿线生产、生活的安全出发，全面规划，合理布局，真正体现“以防为主，防治结合”的原则。渣场尽量布设在山凹地或上游来水较少的沟谷中，在场址可行的基础上，减少拦渣工程量。尽量少占用耕地、水地，而充分利用荒坡、沟谷荒地。

（三）桥梁设计

桥梁作为公路中的重要构造物，在塑造公路风格中扮演着重要角色。国道109线那曲至拉萨公路改建工程那曲至羊八井段的桥梁设计精心布跨，综合因地制宜、便于施工、就地取材和养护等因素，在保证结构本身合理性与安全性的基础上，考虑到桥面驾驶人员的视觉感受，特别注重使桥型设计与周围自然景观相协调，并尽量减少对自然环境的破坏。

（四）隧道设计

建设隧道是公路建设中保护环境、防治地质病害、改善行车安全、节约用地的重要手段，有利于避免深挖方、高切坡。国道109线那曲至拉萨公路改建工程那曲至羊八井段各隧道进出口的设计追求自然，本着“早进洞、晚出洞”“零开挖、零埋深”“不破坏就是最大的保护”的原则确定隧道洞口位置，注重水保、环保与洞口景观设计，减少对自然环境的破坏，使洞口与自然环境融为一体。

四、环境保护工程设计

（一）声环境保护设计

1. 声屏障的设置

设置声屏障是保护道路沿线环境敏感点的主要措施之一。声屏障不仅能够阻隔噪声，也可以阻隔行人横穿公路，起到一定的安全防护作用。声屏障的优势主要有：可满足我国各地区不同气候条件对风荷载的要求；降噪效果好，平均隔声量大于20分贝，平均吸声系数大于0.84。

2. 声屏障方案

声屏障就材料声学性能而言主要分为反射型和吸声型，其中反射型声屏障主要是对公路车辆行驶所制造的噪声声波进行漫反射，使得声波不能直接传播到受声点，从而起到降噪效果；吸声型声屏障主要建在公路两侧有密集村庄、需设置双侧声屏障的路段，在保证一定隔声量（即透射系数）的前提下，利用多孔吸声材料吸收声能量，有效地降低混响所造成的影响，从而提高降噪效果。

对声屏障材料类型的选择应根据公路等级、被保护的敏感目标的功能、公路沿线的环境特征、现场条件、气候、景观性要求和经济性要求等，从全局出发，综合考虑。

国道109线那曲至拉萨公路改建工程那曲至羊八井段项目路基段声屏障采用复合砂岩声屏障。该种声屏障造型美观，材料易于加工，安装简便，易于进行景观设计和制造生产。复合砂岩吸隔声板采用最新技术将砂岩聚合成板，可解决普通吸隔音材料防火性能不足、耐久性较差以及抗紫外线强度低等问题，还支持根据设计要求定制不同频率的吸音板。声屏障设计高度为3.0米，安装在距离土路肩边缘外1米处；立柱为钢板焊接成的H型立柱，钢材选用Q235A型钢，立柱下部采用螺栓连接固定。

桥梁段声屏障采用百叶型金属吸音板。百叶型吸音板凭借内部吸声介质达到吸声效果，具有景观效果好、运输安装方便、造价低、耐锈蚀、使用寿命长等特点。金属型声屏障高2米，安装在桥梁墙式护栏上。立柱为钢板焊接成的H型立柱，钢材选用Q235A型钢，立柱下部采用螺栓连接固定。

（二）水环境保护设计

对于跨越河流和伴河路段，应在桥梁（路段）上设置桥面（路面）径流水收集系统，并在桥梁两侧设置沉淀池，对发生污染事故后的桥面径流进行收集处理，确保水环境安全。

1. 桥面径流收集系统设计

为防范危险化学品运输带来的环境风险，在工程跨越敏感水体的桥梁两侧设置桥面径流收集系统，并在桥头两端分别设置收集池，通过径流收集管道将桥面径流引入收集池。

此外，通过此类路段沉淀池与事故废水收集池的共建，实现了沉淀池在一旦发生风险事故时可以兼顾事故废水收集的目的。

2. 桥面径流收集方案

设计采用封闭式纵向排水系统实现对桥面径流的收集。封闭式纵向排水系统是将大桥桥面泻水管对接纵向排水管，由全封闭的纵向排水圆管将径流引至河堤外，再通过竖向排水管沿桥墩引下，排入设置的集水池内。排水管高度低于桥面高度，纵向排水管的坡度为3‰，长度与河流两岸河堤内的桥体长度相同。

考虑到一旦发生化学危险品泄漏事故时，需要使用大量的水进行冲洗，在桥下或路线旁布设桥面径流收集池。根据桥梁所需收集量，按危险品营运车辆发生化学品泄漏事故时正在下雨的不利情况（旱季化学品泄漏时按冲洗水量3升／平方米·次计算，水量较小，不做验算）计算，收集池的容积应不小于$Q_1=Q+30$立方米，其中Q为需收集的初期雨水量，Q_1为收集池容积。设计中，桥面径流处理池分为沉淀池、隔油池和蒸发池，规格分别为 5.8 米 ×3.6 米 ×2.5 米、3.6 米 ×3.6 米 ×2.5 米、9.6 米 ×5.8 米 ×2.5 米，使之可以有效地容纳雨水冲刷及冲洗所形成的废水；设置一条从道路到桥面径流收集池的便道，方便日后的清理和维护工作。

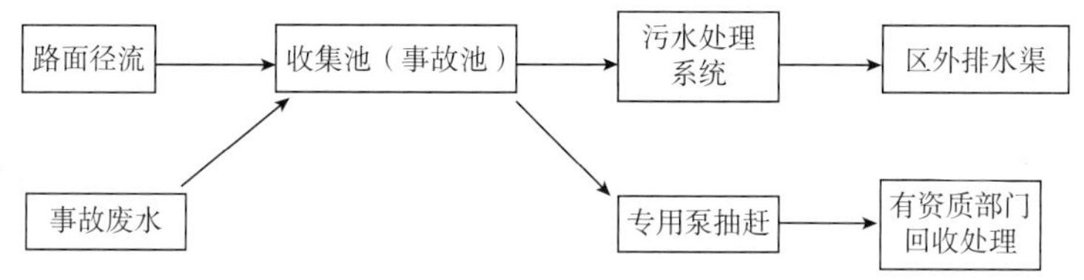

图 2-7-2 桥面径流收集处理系统流程图

桥面径流处理池采用钢筋混凝土池体，普通沉淀池形式设计，出水排入自然沟渠或回收利用；水力停留时间为 30 分钟，主要优点为悬浮物（SS）去除率高，后期养护方便。

其他路段的径流水，主要通过边沟排入公路两侧自然环境中。公路沿线绿化较好，植被茂盛，自然吸附降解能力较强，正常情况下路面径流水对沿线的水环境影响不大。

3. 桥面径流收集池设计

为了方便管理，将初期雨水桥面径流收集池与环境事故应急储存池组合在一起，使得初期雨水路面径流收集池能兼顾环境事故应急储存池的功能。正常运行时，路面降雨径流汇水产生的初期雨水首先通过沉砂池，再进入蒸发池，初期雨水里主要含有SS、重金属及有机污染物，经过应沉淀池缓冲后，再经过隔油池进一步沉降处理，最后进入蒸发池，处理达标后排入沟渠。

桥面径流收集池采用钢筋混凝土池体。

设计要求项目建设单位派人定期对桥面径流收集池进行养护与清理，防止泥沙淤积影响使用。服务区、停车区的污水处理设计纳入房建章节。

4. 重要水域路段风险事故防范措施及建议

由于跨河桥梁或敏感路段一旦发生危险品运输风险事故，将有可能污染水体，设计中提出了针对性的要求。

公路管理机构应根据运输事故风险预测结果，依据交通部颁标准《汽车运输危险货物运输规则》（JT 617—2004）以及其他安全管理相关规定，编制防范危险品运输事故的应急预案和相应管理办法，包括发生污染局面的应急计划、工程防护措施、与相关部门联络方式等相关内容。

图 2-7-3　人字形节水骨架护坡

建设单位应根据应急预案设立事故处理应急办公室，以便出现风险事故时与主管部门和其他相关部门沟通、联络、协同组织，进行事故现场处理。

（三）水土保持工程设计

该项目共设置40处取土场，7处弃土场。取、弃土场占地类型以退化草场山地、旱地为主。项目完工后，对取、弃土场坡面和弃渣面回覆表土，在古露至那曲段对项目取土形成的边坡采取人字形衬砌拱防护和铺草皮的绿化防护措施，边坡绿化防护工程量计入主体工程。对取土完毕后的取土平台进行绿化恢复设计。其平台绿化水土保持设计如下：对取土平台覆表土后进行绿化整地，平台铺设植生毯进行绿化；草籽选用高原早熟禾和紫花针茅草，按1∶1比例混播，撒播量为15克/平方米；对取土平台采用隔离栅隔离，并定期洒水养护。

设计中采取具体措施如下：

路基工程中，取弃土场设置了截、排水沟，急流槽等具有水保功能的设施，截、排水沟在施工期间及施工完成后两个阶段采取“永临结合”的方式进行环境保护。

取弃土前将表土剥离，剥离厚度一般为旱地50厘米，草场山地、荒地30厘米，剥离表土部分计入主体工程清表。表土剥离后集中堆放在安全地带，采用草土袋挡土墙进行拦挡，并进行苫盖（根据表土类型选用不同的方式进行苫盖，其中旱地、荒地采用纤维网进行苫盖，草场山地采用土工布进行苫盖），以备植被恢复时使用。表土养护及恢复计入环保工程。取弃土完毕后进行平整并回填表土（回填厚度与剥离厚度保持一致），交由当地管理；能达到复耕条件的交由当地群众复耕。

取土或弃渣结束后，取土坡面和渣场坡顶采取三维网植草的形式进行植被恢复。

（四）景观绿化设计

1. 路侧景观设计

项目路侧景观设计秉承建设“高科技世界级生态旅游公路”的设计理念，以“科技创新”为主题，以“生态安全旅游服务”为亮点，结合项目特点，打造“壮美西藏，文化与自然并行”的西藏特色生态旅游长廊。

项目地处藏北高原，地形开阔平坦，自然风貌突出，既有巍巍雪山，又有滔滔江河，远处还可眺望村落。环保景观设计力使公路与周边环境相融合，使司乘人员在行驶过程中感受西藏地区特有的自然景观的壮丽。

公路穿行于具有深厚历史文化及民族风情的西藏地区，沿线涉及西藏色林错国家级自然保护区和纳木错自然保护区，风景优美。在公路建设中，充分利用沿线得天独厚的自然风光，达到处处成景的效果，增加行车趣味。

项目沿线为河谷地貌及高山草原地貌，大部分路段海拔高于4000米，降水量低，气候及植被生长条件较差。其中靠近拉萨终点40—50千米河谷地貌段落可种植乔灌木，其余大部分河谷段落及高山草原段落因海拔高，乔灌木生长困难，需遵循因地制宜、适地种树的原则进行设计。

针对此特点，对于靠近项目终点可进行乔灌木种植的段落，路侧绿化选择耐寒、耐瘠薄、适应项目区生长的新疆杨、馒头柳、旱柳、云杉、沙棘、细叶红柳等树种进行绿化。

设计中，植物种植每隔一段距离（10千米左右）变换一次方案，使设计不致单调，同时起到缓解司乘人员视觉疲劳的作用。

2. 隧道洞门景观绿化设计

开挖隧道洞门势必会对仰坡造成植被破坏，设计中借鉴临近高速公路隧道洞门设计经验，结合现场实际情况，设计以植被恢复和撒播草籽为主，降低对沿线山体仰坡的生态破坏。

图2-7-4 将草皮剥落后标准码放

3. 房建景观绿化设计

房建区一般养护条件较好，在设计中考虑了设置灌溉系统并进行绿化。

对于接近项目终点的房建区，种植乔灌木进行绿化设计，选择新疆杨、旱柳、白榆、山杏、桃树、油松、云杉、侧柏、山杏、丁香等观赏价值高的树种进行绿化，尽力为工作人员和司乘人员营造良好的绿化氛围。

对于海拔较高，无法种植乔灌木绿化的房建区域，主要以植被恢复、撒播草籽绿化为主。

那曲南服务区，景观设计主要满足旅客休憩的功能要求。在房建区设置透明阳光温室，在内布置乔灌草搭配，打造“四季常绿，三季有花，香气宜人”的园林景观，形成天然氧吧，供往来人员休憩，缓解高原缺氧、干燥带来的疲劳。在场区内铺设植生毯绿化，于广场布置景石信息牌，配以赛马铜雕，介绍“那曲赛马节”，展示羌塘文化。

第八章　安全设施设计

交通工程安全设施设计以安全畅通、质量过硬、环境优美为设计目标。国道 109 线那曲至拉萨公路改建工程那曲至羊八井段设计内容包括：交通标志，交通标线和标记，突起路标，路侧护栏及中央分隔带护栏、防撞桶，防眩目设施，隔离栅。

一、交通标志

设置交通标志，旨在通过对驾驶员适时、准确的引导，充分发挥公路快速、安全、舒适的特征。该项目交通标志设计主要以完全不熟悉该公路及沿线路网系统的驾驶员为使用对象，在设置条件允许的情况下，通过适时、适量地提供交通信息，使驾驶员能够正确选择路线及方向，安全、顺利地抵达目的地。同时，还通过禁令、警告、指示等标志保证必要的行车安全，使道路发挥最大的作用。

（一）设计原则

1. 安全性原则

对于特殊路段采取加强监控、诱导和指示等有效措施，保证公路设施自身安全、运行车辆行驶安全及旅客等的安全。增加驾驶员及其他道路使用者，尤其是陌生人员需要的交通工程设施，方便公路运营的安全管理，同时也能起到美化路容作用。

2. 尊重地区特性原则

从西藏自治区的地理位置、地形地貌特征、气候气象特征及社会环境特征出发，与路线主体工程紧密配合，注意各路段、各专业、各系统之间的界面和接口，最大限度地发挥系统总体调控功能，努力把该项目建设成为标准高、质量优、投资省、效益好的现代化高等级公路。

3. 整体协调性原则

在交通工程及沿线设施设计中，充分考虑该项目在区域路网中的地理位置，将监控、通信等与路网规划作为一个有机整体统一考虑，确保其各自采用的技术标准、实施规模与水平协调一致，使各子系统之间相互配合、相互协调，从而实现系统组成的最优化，使公路这一人工系统与沿线自然系统和其他人工系统配合协调，并努力使公

图 2-8-1 标线施工

路在满足运输功能的基本前提下，形成一道景观。

4. 实用性和长期性原则

参照国内外有关标准、规范和技术建议，吸收国内外及西藏自治区已建成的高等级公路的经验，精心设计，满足先进性、实用性、可靠性、兼容性、扩充性、经济性的需求。

确保系统具有可扩充性和可升级性，兼容性强，满足近期使用、远期升级及系统联网要求，预留必要的接口和数据通道。

确保系统所采用的技术和设备成熟、可靠、可操作性强，适应高海拔地区环境，货源充足，备件齐全，易于维修和更换，以达到降低运营成本的目的。

（二）主线标志

公路互通出口上游设置出口预告标志，体现出口附近的主要城镇名称。出口预告标志一般设置在距离出口 2 千米、1 千米、500 米和出口匝道减速车道起点处。

在互通立交入口下游适当设置地点标志、距离标志，帮助驾驶员了解路况，提前做好准备。

主线按照运营车速计算结果，设置单柱最高最低限速标志；出口或驶离处，按照匝道设计速度设置建议车速标志，匝道为一级限速。

每隔 5 千米左右设置提醒注意安全驾驶、严禁乱扔废弃物及严禁酒后驾车等的辅助标志。

结合紧急停车带、隧道和互通位置，平均每隔 5 千米左右设置统一的救援电话标志。

警告标志设置在危险点前 100—150 米。旅游标志在互通前连续两次预告。

（三）匝道标志

匝道与被交道路平交口两侧设置公路入口预告标志，主要反映高速公路名称，例如“那曲”“拉萨”，一般设于距平交口 2 千米、1 千米、500 米处。在入口附近设置限高及禁止拖拉机、摩托车、非机动车及行人等通行的禁令标志。

匝道与主线分离处设置出口标志。

匝道汇入主线位置设置公路入口标志，在入口匝道与主线相交的三角端前适当位置设置合流标志；匝道与主线分离后适当位置设置匝道限速标志，提醒驾驶员减速行驶、注意安全。

在平曲线半径较小的互通立交匝道设置视线引导标志。在汽车通道及被交路下穿的分离立交上设置限高标志。

（四）标志版面

根据《道路交通标志和标线》（GB 5768—2009）的要求，以及国内已经通车的公路交通标志的使用效果进行交通标志的设计。为藏族人民出行需要，标志版面内容采用汉字和藏文对照。全线除警告、禁令等标志的颜色按照国标确定外，其余大部分标志均为绿地白字。另外，为了使版面更加美观，并提高标志的视认性，除警告、禁令外的所有标志均加上与标志中文字、图案颜色相同的边框。

二、交通标线

标线布置按照《道路交通标志和标线》（GB 5768—2009）及其他有关规范进行设计。

主线道路标线包括车道分界线、行车道边缘线、分合流端斑马线、导向箭头、路面车道指示标记、渠化导流标线等。主线道路标线及标记颜色均为白色，设计均采用热熔反光型标线。行车道边缘线为实线，宽度 20 厘米，行车道分界线为 6 米 /9 米实虚线，宽度 15 厘米，排水间隙为 5 厘米 /15 米。

在互通立交出入口匝道前后的加减车道处，设置加减车道标线，为 3 米 /3 米实虚线，宽度为 4 厘米，自斑马线的顶部一直画到减速车道三角段的起点。

在公路的主线与匝道连接部、匝道与匝道连接部及匝道与被交连接部设置出、入口标线及导向箭头。导向箭头和标志线配合，用于车辆导向。

三、护栏

护栏设置的目的是阻止车辆越出路外，防止车辆穿越中央分隔带，闯入对向车道；吸收碰撞能量并使车辆回复到行驶方向，以尽量减少对驾乘人员及车辆的损害；同时诱导驾驶员的视线。

国道 109 线那曲至拉萨公路改建工程那曲至羊八井段项目按照《公路交通安全设施设计规范》（JTG D81—2017）中护栏的防护等级选取条件和路基填土高度的规定，

分别设置不同形式的防撞护栏。

（一）路侧护栏

主线路侧挖方边沟无盖板时，设置 Gr–A–4E 普通型波形梁护栏；主线路侧长度大于 200 米的挖方边沟有盖板时，不设置护栏。

路侧填方高度在 0—3.5 米的路段设置 Gr–A–4E 型波形梁护栏，在 3.5—10 米的路段设置 Gr–SB–2E 型波形梁护栏，在 10—20 米的路段设置 Gr–SA–3E 型波形梁护栏，超 20 米的路段设置 RrI–SS–1E 混凝土护栏。

小桥、通道、明涵等路段护栏防护等级与相邻路基路段护栏防护等级一致；根据洞顶至路面填土高度的不同，采用不同基础形式：

防护等级为三（A）级，填土高度大于 1.4 米或防护等级为四（SB）级及以上，填土高度大于 1.65 米的情况下，护栏采用直接打入式（埋设条件为 2E）。

防护等级为三（A）级，填土高度小于 1.4 米或防护等级为四（SB）级及以上，填土高度小于 1.65 米的护栏采用混凝土基础形式（埋设条件为 2C）。

（二）中央分隔带护栏

全线中央分隔带护栏连续布设，形式为整体式。

普通路基段采用 Bp–SSm–E 金属梁柱式护栏；涵洞、通道与路侧护栏设置形式相同，防护等级根据相接波形梁护栏防护等级选取。

在中央分隔带开口位置设置活动护栏，防护等级为三（A）级。活动护栏满足《公路护栏安全性能评价标准》（JTG B05–01—2013）和《公路交通安全设施设计规范》（JTG D81—2017）要求，在权威检测机构的碰撞实验达标后才可使用。

互通立交双向车道匝道中央分隔带路段设置匝道分隔器分隔对向交通流。

分离式路基中间带护栏设置原则与整体式路基路侧护栏选取原则保持一致。

四、监控设施

监控设施采用那曲监控中心—拉萨、当雄监控分中心—监控外场设施三级管理模式。

（一）监控规模

根据《公路工程技术标准》（JTG B01—2014），结合项目特点，监控设施按 A 级标准配置，即设置较完善的信息采集、交通异常判断、交通监视、诱导及主线控制、信息处理和发布等设施。

（二）监控方案

监控设施包括监控中心（监控分中心）、外场设备、信息传输系统及供电系统等。

外场设备包括一类交通量观测站、微波车辆检测器、气象检测器、悬臂式可变情报板、门架式可变情报板、摄像机等。

监控中心采集处理全线交通信息，制定并实施监控方案。

信息传输系统主要传输数据、视频信号，传输介质采用光缆和电缆。

图 2-8-2 新型护栏施工交底

（三）监控数据和图像传输方案

所有道路视频监控图像、数据信息通过以太网交换机组成的环网传输。每条传输链路占用监控光缆 2 芯光纤，接入监控分中心。服务区图像和数据通过千兆工业以太网交换机传输至服务区安防监控室，进行本地存储管理，并通过通信设施与监控中心联网。监控分中心可调看任意图像数据。

（四）外场设备供电方案

外场设备采用交流 380 伏或 220 伏（50 赫兹）电源，由附近供配电系统变压器提供。当监控外场设备距离供电点大于 3 千米时，采用太阳能供电。对于枢纽设置的大功率外场设备，采用升降压供电方式供电。

（五）通信设施

公路通信设施由光纤数字传输系统、语音综合交换系统、指令电话系统、监控数据及图像传输通道、通信电源系统、光缆线路工程、通信管道工程等组成。

根据西藏自治区公路建设情况，项目设计推荐采用技术先进、成熟且标准化的系统，同时为以后的系统扩容、升级留有余量。

在当雄通信分中心设置一套 STM-16 等级（可平滑升级至 STM-64 等级）光纤数字干线传输设备（ADM），在羊八井通信站设置一套 STM-16 等级中继设备（REG），用于干线数据传输。干线传输设备（ADM）采用 1+1 复用保护方式进行配置。

在当雄通信分中心设置一套 STM-16 等级（可平滑升级至 STM-64 等级）光纤接

入网终端设备（OLT），在无人通信站各设置一套STM-16等级光纤接入网远端设备（ONU）。羊八井通信站接入当雄通信分中心。综合业务接入网系统采用支链形式。

在通信分中心分别设置一套IP PBX语音综合交换机。当雄通信分中心的交换机负责SJ-2合同段起点至羊八井段的话务量；拉萨通信分中心的交换机负责羊八井至SJ-2合同段终点段的话务量。用户话机采用双音多频按键式电话机。各沿线设施语音业务通过IAD设备与通信传输设备相接来实现。

考虑到国道109线那曲至拉萨公路改建工程那曲至羊八井段项目的地理位置、作用，将干线通信管道设置为12孔 ϕ40/33毫米硅芯管。管道沿当雄互通匝道至当雄养护工区、当雄管理处采用16孔 ϕ40/33毫米硅芯管。

填方路段通信管道埋设在道路外侧边坡，管道顶部距路面设计高程700毫米；挖方路段管道沿护坡道、碎落台埋设，管道顶部距路面设计高程920毫米。分离式路基沿道路两侧外侧边坡或碎落台下敷设，每侧8孔 ϕ40/33毫米硅芯管；隧道段沿道路两侧外侧电缆托架敷设，每侧8孔 ϕ40/33毫米硅芯管，部分监控设备采用2孔 ϕ40/33毫米硅芯管。

五、服务设施

设置4处服务区、1处观景台、1处管理处及保通站。

服务区主要功能包括餐饮、临时休息、住宿、医疗、应急救援、车辆维修、加油等，主要建筑单体包括综合服务楼、住宿楼、附属用房、加油站、维修车库等；餐饮、临时休息、住宿、医疗等设施均设置有综合服务楼。服务区内设置满足各型车辆停靠要求的停车场。

第九章　勘察设计“四新”采用情况

一、新技术

国道 109 线那曲至拉萨公路改建工程那曲至羊八井段项目勘察设计过程中提出了开展构建“高原花海梦”的构想，提出驯化、培养和工厂化培养西藏野生花卉及草种，建设高寒高海拔地区苗圃基地；合理科学地开展植被培育驯化攻关实验，培育西藏本地植被 10 种，完成从野生到驯化的过程。具体技术已在该项目进行了推广验证。

全线外业平面控制和中桩放线测量采用 GPS 全球定位系统，地形图测绘采用航空摄影测量及数字化成图技术。

该项目采用数字化地形图，运用三维 HintCAD 软件进行路线设计，使所选路线方案技术标准掌握适度、线形顺适、经济合理。路基岩土工程设计采用理正、GOE5 等软件进行设计计算，桥梁设计采用桥梁大师软件，隧道设计采用 SDCAD 软件，互通式立交采用 HTCAD，地质设计采用 DZCAD 软件，其他设计图表采用 AUTOCAD 及 Word 软件，由计算机成图制表。

图 2-9-1　二标一分部水稳试验段施工

二、新材料

对于路基边坡防护一般采用植物纤维毯植草；填方边坡采用拱形护坡骨架空隙挂纤维毯植草。对于压占草场段，考虑到西藏地区海拔高、日照强、昼夜温差大，水泥稳定碎石基层存在温缩裂缝、干缩裂缝的现象较为普遍，为防止因基层反射裂缝导致路面早期开裂，融雪下渗，造成路面反复冻融破坏，降低路面使用寿命，在路面基层顶面摊铺防裂基布。

三、新工艺

根据交通运输部关于推行标准化建设的要求，该项目大力推行设计、施工标准化。

根据交通运输部关于推行钢结构桥梁建设的要求，在桥型论证选择上对互通区分叉、变宽段等桥梁的钢箱梁方案进行方案比较，根据地形、施工场地和运输条件等因素，视条件采用钢结构方案；全线涵洞采用钢波纹管涵洞，以加快施工进度，缩短施工工期。

第三篇　建设管理篇

概 述

面对高寒缺氧、多年冻土、生态环境脆弱等诸多世界级工程施工难题，必须进行科学、高效的建设管理才能确保工程质量、工程进度、施工安全、绿色环保理念得到落实。在国道109线那曲至拉萨公路改建工程那曲至羊八井段指挥部的带领下，各参建单位发扬“两路”精神，严格规范施工，积极开展科研攻关，强化管理能力，推进信息化管理手段的应用，多措施助力脱贫攻坚，有力地保障了工程建设任务高质量按时完成。

第一章　指挥部建设情况

国道 109 线那曲至拉萨公路改建工程那曲至羊八井段指挥部自成立以来，一直秉承“创建品质、保障安全、绿色生态、科技引领、民族特色、社会认可”的建设理念，全面推进“品质工程”创建工作，精心组织，科学施工，廉洁高效，确保高质量按时完成工程建设任务目标。

在项目实施过程中突破难点，推进新技术、新材料、新工法的广泛应用，积极开展管理与科技创新。同时，按照“管理精细化、质量品质化、进度目标化、安全制度化、环保措施化”的要求，打造集智能化、标准化、信息化、工厂化、自动化为一体的智慧公路建设项目。

一、指挥部基本情况

国道 109 线那曲至拉萨公路改建工程那曲至羊八井段指挥部下设总工办、纪检办、工程部、计划合约部、安质环保部、综合部、试验室等职能部门，负责现场管理职责。指挥部共有管理人员 8 人，技术人员 15 人，明确以西藏交通发展集团有限公司党委委员、副总经理旺杰次仁兼任项目指挥长；其中涉及相关建设领域的高级工程师 2 人，中级工程师 5 人。

表 3-1-1　　各标段情况及参建单位信息表

合同段	起讫桩号	长度（千米）	施工中标价（亿元）	施工单位	监理单位	第三方检测单位	房建单位
第一标段	K3571+000—K3635+000	64.080	56.1	中国建筑股份有限公司	西安方舟工程咨询有限责任公司	苏交科集团股份有限公司	中建交通建设集团有限公司
第二标段	K3635+000—K3699+700	85.109	55.9	中国交通建设股份有限公司	重庆育才工程咨询监理有限公司	中路高科交通检测检验认证有限公司	中交一公局集团有限公司
第三标段	K3699+700—K3779+450	77.748	56.3	中国中铁股份有限公司	中咨公路工程监理咨询有限公司	广东交科检测有限公司	中铁一局集团有限公司

说明：1. 那曲至古露段设计单位为中交第二勘察设计研究院有限公司；
2. 古露至羊八井段设计单位为中交第一勘察设计研究院有限公司（总体设计单位）；
3. 设计咨询单位为中交公路规划设计院有限公司

二、管理情况

(一)工程质量管理

1. 严守项目建设基本程序

本着先进行首件总结，后展开具体工作面，重难点工程先报批方案，后施工，实体建设与内业资料同步的原则，提高施工单位遵守建设程序的意识，强化标准化建设过程。根据《项目文件管理汇编》要求，全线所有需报备的各项实施计划、专项方案及首件总结等均获得了批复并备案。

2. 规范施工过程，加强质量管控

为了全面地、具体地发现工地现场存在的问题，及时解决现场问题，以规范施工过程、加强质量管控，进行了部门人员任务分工及管段划分，确保责任落实到人，质量可控。

3. 督促项目建设进度

在坚守质量底线、安全环保红线的前提下，一旦发现某个方面进度缓慢，及时与施工单位负责人谈话，督促参建各方进行协调纠偏，直至达到计划目标。

图 3-1-1　高空作业安全爬梯

（二）安全管理

严格执行交通运输部“平安工地”和自治区交通运输厅“红黄牌”考核管理办法。

按照国家法律法规及自治区相关规定，建立了严格的安全管控体系，与各参建单位分别签订了《安全生产责任书》，印发相应安全管理制度，加强了事前预防、事中过程管控，确保安全生产无漏洞、无盲区。

图 3-1-2 临边防护

加强日常安全生产的管控，在“五一”“国庆”“中秋”等节假日之前对用电、消防、特种设备、主线行车安全等方面进行隐患排查，确保安全生产全面受控。

严格执行《安全生产费用管理实施细则》与安全生产“三同时”制度，确保安全生产费用专款专用。

强化应急管理工作。各施工单位结合项目实际编制了防汛、防洪、维稳等应急预案，做到有方案、有演练、有总结、储存充足的应急物资。

（三）环、水保管理

成立环、水保领导小组，落实责任制，确保制度健全、职责分明。

指挥部与各参建单位签订了《环水保责任书》，全面落实“三同时”制度，严格按照自治区生态环境厅及地方环保部门相关工作要求，确保水土得到了保持、环境受到了保护，未发生环境污染事件。

（四）设计变更

严格督促发生变更的报批工作。为了完善变更资料，及时完成变更流程，组织各单位在指挥部集中会审，及时处理变更报批流程存在的问题，有效推进变更报批进度；严格执行《西藏自治区重点公路设计变更管理办法》，采用“四新”技术对设计进一步优化、完善，确保项目建设工作的有序推进。

（五）试验检测

按照“早检测、早发现、早整改、早完善”的工作方式完成既定的工作目标。以试验检测数据为依据，严格审查进场材料，做好工程质量源头管控；对各标段的工地试验室进行监督管理，协助第三方检测单位对各标段的检测工作。

图 3-1-3　第三总监办现场检测

（六）民工管理

加强对进场施工人员的实名制管理，要求各施工单位切实负起责任，做好民工管理的各项工作。民工工资由专用账户发至民工银行卡，避免未发、漏发等情况发生。

指挥部不定时对施工单位财务账目进行监督检查，并现场监督结算、支付劳务协作队伍工程款和民工工资，对不按规定执行，挪用工程款，转移建设资金，拖欠劳务协作队伍的工程款和民工工资的，根据施工承包合同文件相关条款规定进行严格管理。

做好各类信访登记及处理事项，及时报告，按期处理并汇报相关工作。

加强巡视检查，对正常诉求事项，按照“属地管理”原则，对施工单位落实主体责任、按期回复过程跟踪督办，确保诉求事项件件有落实，事事有回应。

（七）廉政建设

指挥部全力致力于党风廉政建设工作，加强廉政防范体系建设工作，每月定期在指挥部内部开展廉洁自律警示学习教育活动，筑牢反腐防线，共开展廉政专题会议 15 次；为切实加强指挥部人员的工作纪律意识，形成良好的工作环境，根据党中央、自治区党委、自治区纪委、自治区交通运输厅和西藏交通建设集团有限公司的相关规定和要求，指挥部内部实施工作纪律“九项规定”及“禁酒令”；以各类主题教育为契机，严格要求各参建单位做到廉政管控有效，防范制度完善，工程建设廉洁高效；加强临时党支部建设工作，传承和发扬“两路”精神，发挥党员先锋模范带头作用，吸纳青年干部主动向党组织积极靠拢。

三、工作经验及成效

（一）展开课题研究

由指挥部牵头，二标段一分部 QC 小组围绕“高寒高海拔”项目特点，针对重点、关键工作与薄弱环节，以提高质量、提高效益为宗旨立项，利用 PCDA 循环展开 QC 课题研究攻关，注重改进创新，注重实效价值，注重解决实际问题。小组实践活动在桥梁下部结构施工方面提升了有效施工工期、节约了施工成本、促进了环境保护，获得了自治区交通厅及指挥部的肯定。QC 小组的研究成果《高寒地区桥梁下部结构冬季施工养护技术创新》获评 2020 年工程建设质量管理小组活动成果大赛Ⅰ类成果。

图 3-1-4 二标一分部墩柱冬季施工

（二）加快脱贫攻坚

招收当地贫困户及农牧民到项目上工作，最大限度增加当地群众收入。如那曲市色尼区古露镇俄玛村村民索罗，在当地扶贫工作人员推荐下到项目二标一分部路基三队工作；后因工作认真负责，被介绍到二标项目部工作，参与路基防护施工，很快就熟练掌握了钢筋绑扎、模板使用等操作技术，并能与汉族同事顺畅交流；2020 年开始在沥青拌和站带班。索罗的儿子尊珠也通过了项目部的严格选拔，担任了保通员一职，负责确保工地车辆的安全通行。父子二人在工地上的年收入超过 10 万元，家庭很快实现了脱贫。

为加强当地人才培养计划提供有效支持，积极为西藏籍高校毕业生提供相关就业岗位。如 2018 年 6 月毕业于西藏大学的嘎玛洛卓，在项目上经过 3 年的历练，成长为能够独当一面的技术员，月工资平均达到 1.5 万元，使家庭的生活水平得到明显改善。

贯彻执行好《西藏自治区人民政府关于印发进一步加快公路交通运输事业发展优惠政策的通知》（藏政发〔2018〕14 号），优先租用地方群众的运输车辆，为当地群众增收创效。2018 年至 2020 年累计吸纳农牧民 3582 人，帮助农牧民增收共计 6274.8 万元；使用当地机械 641 台，累计产生租赁费 10741.36 万元；使用当地运输车辆共计 2823 台，累计产生租赁费 26874.83 万元；共计帮助农牧民创收 43890.99 万元。不仅解决了项目用人、机械等困难，还大力带动当地的扶贫创收工作，为 2020 年实现全自治区脱贫攻坚作出了贡献。

第二章 第一标段

一、标段名称和中标单位简介

（一）标段名称

第一标段全称为：国道109线那曲至拉萨公路改建工程那曲至羊八井段第一标段。

（二）中标单位简介

一标段中标单位为中国建筑股份有限公司，其母公司为中国建筑工程总公司。2007年12月8日，中国建筑工程总公司、中国石油天然气集团有限公司、中国中化集团公司及宝钢集团有限公司于北京成立中国建筑股份有限公司，其中中国建筑工程总公司控股94%，中国建筑股份有限公司承袭了中国建筑工程总公司的人员与资产。

中国建筑工程总公司组建于1982年，是中央直接管理的国有重点骨干企业，以房屋建筑承包、国际工程承包、地产开发、基础设施建设和市政勘察设计为核心业务，发展壮大成为中国建筑业、房地产企业排头兵和最大国际承包商，是不占有国家

图3-2-1 那羊高等级公路一标段信访工作调研会

大量资金、资源和专利，以从事完全竞争行业而发展壮大起来的国有企业，也是中国唯一一家拥有三个特级资质的建筑企业。

图 3-2-2 单梁静载试验

该公司始终坚持把科技进步和科技创新作为企业持续发展的重要支撑。经过多年的不懈努力，该公司在工业与民用建筑工程建设、大型公共设施建设以及大型工业设备安装等领域积聚了雄厚的技术优势，始终引领着中国建筑业的发展。作为中国建筑业的“国家队”，该公司以雄厚的技术实力和卓越的经营管理能力，承建了一系列超高层、大体量、结构复杂且技术领先的重要工程。“中国建筑”也成为32个中国入选2007年度世界著名品牌500强排行榜的世界知名品牌之一。

2016年8月，中国建筑股份有限公司在2016年中国企业500强中，排名第六。2017年7月31日，《财富》中国500强排行榜发布，中国建筑股份有限公司排名第三。2019年9月1日，2019年中国战略性新兴产业领军企业100强榜单在济南发布，中国建筑股份有限公司排名第33位。

中国建筑股份有限公司是中国基础设施建设领域的新进入者与成长最快的企业，近年来实现了跨越式发展，已经成功地进入铁路、特大型桥梁、高速公路以及城市轨道交通等市场，承接了大量铁路、轨道交通、公路、桥梁、市政设施等的建设项目以及多省基建项目的运营权。

（三）监理单位简介

一标段监理单位为西安方舟工程咨询有限责任公司。该公司成立于1994年，前身为原交通部第一公路勘察设计院监理处，是中交第一公路勘察设计研究院有限公司旗下具有独立法人资格的国有企业；主要从事公路工程设计、咨询和监理业务，业务足迹遍布全国29个省、自治区、直辖市及亚洲、非洲部分国家和地区。

该公司通过ISO 9001：2008、ISO 14001：2004、GB/T 28001—2011三标管理体系认证，具有公路甲级、大桥专项、隧道专项、市政甲级和房建乙级等监理资质，以及对外援助成套项目管理企业资格和公路工程咨询甲级、公路工程设计乙级等资质。截至2016年年底，该公司共完成高速公路工程监理项目45个。

该公司是首批9家“中国交通建设优秀品牌监理企业”之一，多次被交通运输部（原交通部）评为先进集体；承监的多个项目荣获“中国建设工程鲁班奖”“国家优质工程银质奖”“中国土木工程詹天佑奖”“李春奖（一等奖）”等，获得其他设计、咨询、监理等奖项百余项。

该公司秉承“承接一项工程、树立一块牌子、开辟一片市场、锻炼一批人才”的经营理念，坚持“诚信高于一切，责任重于泰山”的核心价值观，依托中交第一公路勘察设计研究院强大的技术和资源平台，以提供高端咨询服务、提升工程品质为使命，专业化运营和差异化经营并举，践诺履职，立志成为中国最优秀的工程咨询服务商。

二、标段概况

（一）基本情况

第一标段范围为K3571+000—K3635+000，全线长64.08千米。全线起始于那曲火车站，设那曲南互通，经那曲县水源保护区，在K3573+452.5处采用预应力混凝土现浇连续梁跨越那曲河，折向东南，经沃尔堤村特大桥在K3578+919处采用40米的T梁上跨青藏铁路和既有G109线，至青藏铁路以东布线，经罗玛镇，在罗玛大桥K3589+417处采用50米的T梁跨既有G109线，平行青藏铁路以东展线，至香茂乡，在香茂大桥K3630+924处采用55米的T梁跨越既有G109线，继续沿既有G109线东侧展线，至本标段终点。

根据施工要求，结合项目特点，第一标段项目部下设4个混凝土拌和站、6个桩基队伍、11个桥涵队伍、3个制梁架梁队、6个桥面系工程队、11个防护工程队、6个钢筋工班、3个路面施工队及2个交安工程施工班组完成标段内施工任务。

（二）主要工程量

第一标段全线共设桥梁25座；路基工程共计50.187千米，路基土石方共挖433.1万立方米，填方1001.1万立方米；设服务区1处、主线执法站1处、涵洞63处、通道40处，另含6.74千米路面改造工程；全线合计使用混凝土85万立方米、预制梁4899片、钢筋8.44万吨、水泥38万吨、波纹管1982.7米、声测管546.6吨、沥青4.59万吨、防渗土工布64.7万平方米。

（三）投资情况

第一标段主体工程（中国建筑）完成投资556856.39万元，房建工程（中建交通建设集团有限公司）完成投资 20956.86 万元。

三、施工重点、难点及解决措施

（一）那曲河特大桥

1. 那曲河特大桥简介

该桥是第一标段的关键控制性工程，该桥的连续梁挂篮海拔世界最高，没有施工经验可以借鉴。在如此高寒、高海拔的地区施工，恶劣多变的气候和高原冻土对工程建设影响很大，对人员、机械的要求也不同于其他省市，因此施工中面临重重困难。

该桥位于那曲县沃玛堤格村西侧，平均海拔 4500 米以上。施工区域高寒缺氧、气候干燥，全年大风日达 100 天左右，年平均气温为 -2.1℃，最低气温可达零下三四十度。该桥所在区地貌为山间冲积平原，两侧为丘陵区；东部为那曲河，水流量较大。

该桥起讫点桩号分别为 K3572+799.5 和 K3574+105.5，全长 1306 米。全桥共 13 联：3×20+2×（3×30）+（48+85+48）+4×（3×30）+4×（5×20）+6×20。该桥上部结构采用预应力混凝土（后张）简支小箱梁、预应力混凝土现浇连续梁；桥台采用肋板台，桥墩采用柱式墩，墩台采用桩基础。

2. 施工重点、难点

那曲河特大桥施工的重点、难点在于箱梁 0 号段施工和合龙段施工。

（1）箱梁 0 号段施工

箱梁 0 号段长 10 米，采用支架（托架）浇注，每幅箱梁分 2 个 T 构同时对称悬臂浇注，共设 4 幅挂篮。悬臂浇注梁段最大控制重量为 1428 千牛，挂篮设计自重为 1000 千牛。

（2）箱梁合龙段施工

每幅箱梁都有两个边跨合龙段及一个中跨合龙段，共计 3 个合龙段，每个合龙段长 2.0 米。采用先支架（托架）现浇边跨 10 号块件，然后采用吊架合龙边跨，最后吊架合龙中跨的施工方案。

连续梁采用单箱单室，三向预应力，箱底宽 7.24 米，翼板悬臂宽 2.75 米，全宽 12.74 米。箱梁高度采用 2 次抛物线方

图 3-2-3 自治区领导现场检查指导工作

式从箱梁根部高5.2米变化至端部及跨中高2.2米；箱梁底板厚度采用2次抛物线方式从箱梁根部厚60厘米变化至端部及跨中厚32厘米。腹板厚度由支点处的70厘米线性渐变到跨中的50厘米，箱梁节段间腹板厚度在950厘米（两个箱梁节段）长度中渐变过渡。0号块件横隔板内梁段底板厚度为90厘米、腹板厚度为70厘米。全桥共设8道横隔板，其中0号块横隔板厚度为250厘米，中跨10号截面设置加劲横隔板，增强箱梁整体受力性能。

那曲河特大桥10号、11号主墩承台足以支撑0号块采用满堂红支架法进行施工。0号块断面尺寸为顶板宽12.74米，底板宽7.24米，中心位置梁高5.20米，悬臂长度2.75米；混凝土方量219.2立方米。

3. 那曲河特大桥施工方案

（1）边跨合龙段施工

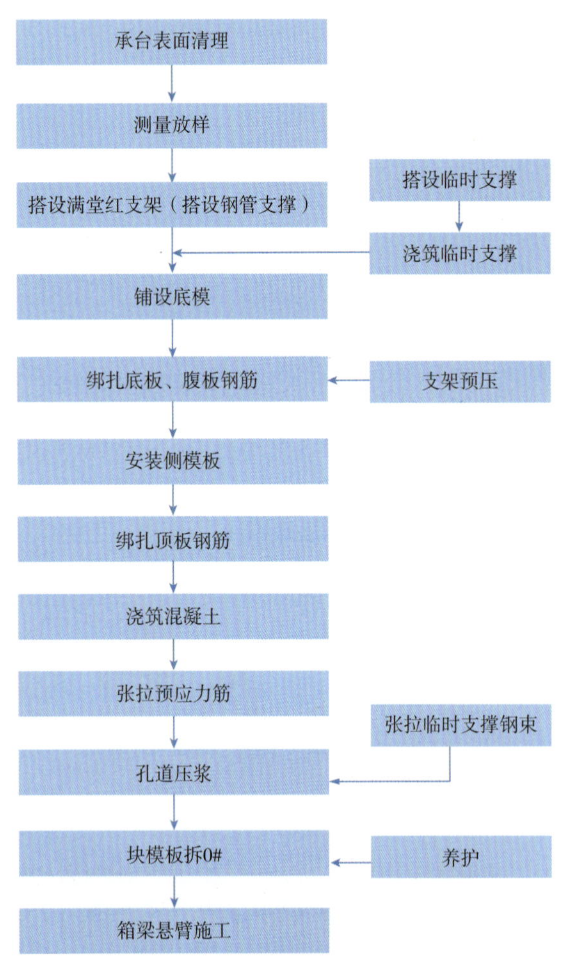

图3-2-4 箱梁合龙段施工工艺流程图

挂篮系统迁移至边跨合龙段处，为边跨合龙段提供支撑及施工平台。由于边跨现浇段及8号梁端与合龙段非平面连接，有纵坡，所以在底板上要重新配制底模，即铺设木板及竹胶板以调整吊架底板与合龙段底板间的空隙。

在合龙段另一端设置等同于边跨合龙段重量的配重，配重材料为水箱。

在设计允许的温度下完成边跨外刚性支撑连接；完成后先临时张拉2×ST1、2×SB1预应力束，每根张拉力500千牛，将边跨锁定，并完成合龙段钢筋、模板和管道的安装。

选择一天中温度最低的时间段进行合龙段混凝土的浇筑。浇筑过程中，分级放水减轻配重。为防止出现新浇混凝土自身收缩，在混凝土中加入适量的微膨胀剂。

混凝土浇筑完后立即覆盖、洒水养

生。待混凝土达到设计规定的强度和龄期后，按设计顺序张拉底顶板预应力合龙束。张拉完成后拆除边跨现浇段支架及挂篮系统。

图 3-2-5 那曲河特大桥

（2）中跨合龙段施工

中跨合龙段施工采用单支挂篮提供支撑及施工平台。

两侧 8 号梁端上设置配重水箱。水箱采用钢板焊制而成，重量相当于 1/2 合龙段重量。通过计算得到装水高度并在水箱上用红油漆作出标记。水箱箱身侧面贴有刻度条，方便在混凝土浇筑过程中排出等重量的水。

在两端 8 号梁段之间利用液压系统及千斤顶同时向两端施加 800 千牛的水平推力。运用回归方程计算出 800 千牛推力所对应的油表读数，严格控制油表读数，保证两处合龙段受力相同。

安装大小桩号主跨 9 号梁段的外刚性支撑。该支撑与两侧梁体预埋件进行焊接，保证焊接饱满、整齐、无过烧现象。

安装模板、绑扎钢筋、浇筑混凝土，浇筑过程中同步卸载水箱。选择一天中温度最低的时间段浇筑混凝土。浇筑完成后及时覆盖、洒水养生。待混凝土龄期达到 7 天且强度及弹性模量达到设计值 100% 后，卸载水平顶推力，对称张拉所有连续预应力钢筋。张拉完毕后及时注浆封锚。

（3）合龙段施工要点

合龙前调整两端中线标高，在一天中气温最低的时间段将两悬臂的合龙口锁定。安装时先将刚性支撑梁放置在安装位置，待灌注水箱配重且温度达到要求后，将梁与预埋钢板焊接在一起，锁定前后梁段，最后张拉临时预应力钢束。

合龙段混凝土灌注在一天中较低温度条件下，天气温度相对稳定、温差变化不大的时间进行，并一次灌注完成，灌注时间不超过 3 个小时。

将合龙段的混凝土标号提高一个等级，使之能尽早张拉。混凝土合龙后，对其加强养护，并对悬臂端进行覆盖，防止日晒。

待合龙段混凝土达到设计强度后，方可按“成双对称、先边后中、先长后短”的顺序，先张拉孔道未被占用的永久钢束。待张拉完成后，才能按设计张拉程序补张拉临时预应力束至控制吨位。

合龙时，合龙段两侧梁端相对竖向高差不大于1厘米，桥轴线偏差不大于1厘米。

在悬臂端用水箱进行配重，按照合龙段重量灌入同等重量的水。施工时，注意按照混凝土浇筑速度，放掉与浇注混凝土同等重量的水。

（4）安全施工管理

那曲河特大桥的建设施工难度大、安全风险高。自治区交通运输厅和施工点所在地政府领导高度重视，业主、监理单位为工程建设提供全方位的帮助，不仅解决了全世界海拔最高的连续梁挂篮施工这一世界级难题，也在工期内安全生产管理等方面取得了实实在在的宝贵经验。

为实现高海拔地区特大桥建设在工期内的安全生产，第一标段项目部制定了安全管理目标：“四无一杜绝”和“一创建”。“四无”即无重伤事故、无交通事故、无火灾洪灾事故、无影响既有道路行车事故，“一杜绝”即杜绝死亡事故。施工安全工作贯彻“安全第一，预防为主”，创建安全标准工地的方针。

①完善安全管理工作机制。

项目部设立了安全管理领导小组，由主管生产的项目经理任组长；工地设立专职安全员，班组设兼职安全员，从而形成一个健全的安全生产保证体系。根据全面落实“安全第一、预防为主”的方针和“管生产的必须抓安全”的原则，根据工程施工特点，制定了各项安全措施，确保施工生产的安全。

图3-2-6　现场施工安全检查

②建立安全生产管理制度。

项目部建立了安全检查制度，开展日常检查和每月例行检查；建立了安全责任制度，对所有人员进行安全责任分解，定岗、定位、定责任；建立了安全教育制度，定期进行安全知识教育和思想教育；建立了安全审查制度，对重要施工项目的施工方案进行安全审查，组织相关专业技术人员进行评审。

③制定应急救援预案体系。

项目部成立了由项目经理为组长，由项目书记、生产经理、项目总工、安环部经理为副组长，包含后勤保障组、通讯联络组、现场抢险组、医疗救护组、保卫组、技术支持组的应急机构；制定了安全事故救援方案，并对进场人员进行应急预案的培训；施工期间，定期组织相关人员进行演练，使所有人员知悉可能出现的机械事故、高空坠物打击事故、触电事故，以及桥梁预制梁运输、架设等其他事故的应急处置流程和措施。

（二）沃尔堤村特大桥

1. 沃尔堤村特大桥简介

沃尔堤村大桥位于那曲县南侧，由南向北跨越青藏铁路，桥梁起讫里程桩号分别为 K3578+326.5 和 K3579+221.5，全桥共 13 联，全长 895 米，上部结构采用预应力混凝土（后张）简支小箱梁、预应力混凝土 T 梁，桥面连续。该桥与青藏铁路交叉角度为 56.4°，交叉处公路里程桩号为 K3578+676.5，铁路里程桩号为 K1643+839。青藏铁路自该桥 15 号、16 号墩之间穿过，铁路钢轨与该桥的净空为 15.5 米。其中桥墩外侧距离铁路钢轨最小距离为 10.83 米。

该大桥采用架桥机架设。上部施工影响长度 200 米，影响范围为铁路里程 K1643+809 至 K1643+869。该桥在左右幅 15 号、16 号墩间采用 40 米 T 梁跨越既有青藏铁路，每幅 6 片 T 梁体，左右幅共计 12 片 T 梁；每幅桥面净宽 11.75 米，桥面总宽 25.5 米。桥面排水采用集中排水方式。桥梁内侧设置 SAm 级 F 型墙式护栏；外侧设置 HA 级加强型墙式护栏。桥梁外侧护栏设置防抛网，防抛网高度 1.85 米，护栏自身 1.5 米，网眼尺寸为 0.5 厘米 ×0.5 厘米。该跨处于平面曲线半径为 1400 米，竖向曲线半径 20000 米的曲线上；纵坡 1.09%。梁体吊装重量为边梁 133 吨，中梁 134.5 吨；选用 TLQJ260t/40m–A3 型架桥机。

2. 施工重点、难点

该桥的施工重点和难点主要在于上跨青藏铁路施工。大桥第 16 跨上跨青藏铁路左右线共 12 片 40 米的 T 梁架设（采用 260 吨架桥机架梁），横隔板、桥面系、混凝土护栏、防抛网安装施工，按照《青藏铁路公司营业线施工安全管理办法实施细则》（青藏铁总〔2015〕128 号）相关要求进行，无需限速。

第 16 跨 T 梁架设，湿接缝、横隔板钢筋焊联，架桥机过孔为Ⅱ级施工，架桥机回退，湿接缝混凝土浇筑，横隔板混凝土浇筑，桥面系、混凝土护栏、防抛网施工，第 16 跨桥墩墩顶吊装轨道铺设、调平，第 17 跨梁体架设为Ⅲ级施工，需封锁那曲至罗玛区间，影响那曲至罗玛区间正常行车。

第 15 跨梁体架设，第 15、17 跨桥梁湿接缝、横隔板、桥面系、混凝土护栏、防抛网安装施工为邻近A类施工，不影响正常行车。

桥面系施工包括横隔板、湿接缝、防撞护栏、防抛网施工等内容。桥面系施工在邻近两片梁板安装完成后即可开始，部分施工在梁板架设Ⅱ级天窗时间时同步作业。在Ⅱ级、Ⅲ级天窗时间内不能完成的工作，在申请到的邻近营业线A类施工时间内完成。

3. 安全施工管理

（1）与青藏铁路局对接安全施工、时间安排

项目部负责组织编制方案，按方案做好各项准备工作；对施工人员进行强化培训；确认施工备品、机具、材料齐全完好；跟踪各项安全措施的落实；掌握工程施工进度及工程质量；负责施工的组织、协调，对安全工作全面负责；认真执行上级下达的安全生产任务，努力实现无事故、无隐患的目标；负责检查指导安全生产、文明施工、安全工地建设、环境保护；负责指定片区安全生产责任人，开展定期、非定期安全检查、总结、批评，奖罚安全生产中的先进/落后集体或个人，执行安全施工应急预案；落实安全生产责任制，严格执行各类安全技术规程，认真落实安全检查，找出各施工现场的不安全因素并进行分析研究，制定预防措施；做好季节性安全防范工作，落实防雷、防大风、防火等技术和组织措施。

①施工前精细准备。

图3-2-7　岗前培训

项目部要求施工防护人员必须熟知作业位置、作业项目、作业组织、影响范围，准确掌握封锁、开通时间；必须清楚当日现场作业的内容及防护要求等事项，按作业负责人下达的防护通知，正确设置作业标、移动停车信号防护，必须制止施工人员在防护未设置好时进行作业，并认真填写《防护员通话记录本》；对防护使用的对讲机应实行专管专用，使用前必须确定性能良好；上岗前认真检查防护用品是否带齐；必须正确地设置现场防护信号标志。

图 3-2-8　指挥部领导到项目上检查工作

②施工中严格管理。

主动与驻站联络员随时保持联系，严格执行通话制度，了解列车运行情况，通报作业位置转移、作业内容变化及作业完成情况等信息；遇到通讯联系中断的情况立即通知作业人员停止作业。除区间电话、GSM 手机和对讲机联络外，现场防护员与驻站联络员还掌握其他的联系方式和方法，如使用手机联络等。当驻站联络员向现场防护员发出预报时，现场防护员立即用对讲机提示施工负责人做好准备；当驻站联络员向现场防护员发出确报时，现场防护员要加强瞭望，发现来车立即用对讲机通知施工负责人，确认施工现场人员停止施工；列车通过时，防护员必须面向来车方向站在安全位置上，摆正姿势接车。如遇到紧急情况，防护人员或防护用品等不能及时撤出界限外时，现场防护员应急速奔向列车方向，用信号旗显示停车信号，将列车拦停在作业地点前，并通知驻站联络员、施工负责人。驻站联络员将现场防护员告知的情况反馈至车站值班员，并上报至车间和段调度，同时施工单位负责人组织人员及时抢通线路，缩短影响列车运营的时间。现场防护人员必须及时、准确接收驻站联络员发出的列车运行信息、各项施工命令等，并且要及时、准确地将信息传达给施工负责人，做好通话记录。

③施工结束后扎实收尾。

施工结束后，按作业负责人下达的命令，及时撤除防护信息，把现场情况通知驻站联络员；两端防护员在线路开通前 10 分钟必须与施工负责人和现场防护员进行联系，确认开通时间，确认后根据作业负责人要求及时撤除防护，清点核对防护用品。

项目部对驻站联络员的工作制定了严格的规章制度和作业标准，确保驻站联络员

图 3-2-9　工地例会

在施工期间密切监视列车运行情况，与车站值班人员保持联系；实施了驻站联络员班组每日点名、会议制度，要求联络员必须做到“四个准确掌握”，即准确掌握并按规定程序执行作业登、销记制度，准确掌握列车（包括调车及解编列车作业）运行情况及时刻，准确掌握作业现场的实际作业内容及位置，准确掌握驻站联络员一日作业标准，严格执行随时保持通话制度（必要时使用手机等其他联络方式进行联系）。

（2）签订安全协议

跨铁路施工方案批复后，按照关于重新公布《青藏铁路公司营业线施工安全管理办法实施细则》的通知（青藏铁总〔2015〕128号）要求与相关配合单位签订安全协议。

（3）施工人员岗前培训

开工前申请在中国铁路青藏集团有限公司对施工相关的管理人员及班组长进行安全教育和培训。管理人员及班组长须通过培训后的考试方能进场作业和上岗。

开工前对参加工程的施工作业人员进行施工安全教育，使之牢固树立“安全第一、预防为主”的思想。

开工前由项目部组织参加工程施工的全体员工认真学习《铁路技术管理规程》普通铁路部分、《普通铁路工务安全规则》及《青藏铁路公司营业线施工安全管理办法实施细则》文件及其他相关规定。全体员工均须在学习后的考试中取得合格成绩方能上岗。

（4）安全生产应急预案

因跨铁路架梁安全尤为重要，除必要的抢险设备、相关人员由项目自身准备外，其余设备、人员全权委托给中国铁路青藏集团有限公司相关部门进行落实。施工前和相关铁路部门做好对接，抢险物资、设备及人员到位后方能进行施工。

针对施工过程中可能发生的事故，如施工造成铁路光、电缆断缆等影响铁路运营事故，架桥机发生倾覆，架桥机在封锁架梁过程中发生故障，机械伤害，触电事故，高处坠落，施工期间断电，架桥机过孔、架梁不能在预定天窗时间内完成等，项目部都制定了相应的应急预案，确保对任何事故都能在最短时间内快速、准确地传递、掌握各类事故信息。

项目部完善了应急处置指挥领导工作机制，建立了应急处置领导小组并明确其职责；成立了分工明确的救援专业组，包括应急救援组、后勤保障组、治安保卫组、技术分析组、善后处理组；配备了应急资源，根据潜在事故性质和后果分析，配备了救援机械、设备、医疗和生活保障物资等。

四、建设管理主要经验

（一）加强领导，落实责任

项目部成立了以项目经理为组长，综合部、工程部、计划合约部、物资部、机械部、安环部、财务部等为成员的领导小组，并明确了各部门的责任、各部门负责人、各部门主管，责任落实到人；设立项目经理部和四个分部，由项目经理部统筹全线所有事务，各分部分管所辖段落。

（二）部门协调，齐抓共管

在领导小组的指导下，工程部牵头，各部门协调配合，员工各司其职。综合部负责后勤管理、劳务合同的签订，为各部门提供优质的生活服务；工程部负责图纸审核、施工技术管理、施工现场技术服务、工程质量、工程量核算、进度跟踪、施工计划定制等；计划合约部负责合同梳理、合同签订、工程计量等；物资部负责全线物资管理、需求计划等，保证施工现场所需物资及时到位；机械部负责所有机械的管理、机械的租赁；安环部负责全线安全、环保等工作；财务部负责资金运转、管理等。

（三）加强培训，提高管理水平

为了提高管理人员对工程项目的管理水平，在自治区交通运输厅和指挥部指导下，业主、监理单位对该标段各部门进行了工程项目管理、施工安全等业务的专业培训。通过实地参观施工现场管理和专业人员讲授，进一步规范工程建设程序、施工现场管理、安全管理、质量监督和资金管理，为顺利完成项目建设任务奠定了坚实的基础。

（四）严格程序，确保资金效益

该标段在建设中严格按照上级审批的项目建设规范、工程项目管理办法、工程进度款拨付管理等相关要求开展工作，并严格执行资金使用的相关管理要求，严格控制资金使用范围，保证项目资金专款专用；始终坚持施工方、监理单位每月书面上报工程进度，根据工程进度计量拨付工程款，将工程款直接拨付到施工单位，有效地杜绝截留、挪用、滞留、浪费资金等现象，确保资金使用安全和最大效益的发挥。

图 3-2-10　一标段召开信访工作会

第三章　第二标段

一、标段名称和中标单位简介

（一）标段名称

第二标段全称为：国道 109 线那曲至拉萨公路改建工程那曲至羊八井段第二标段。

（二）中标单位和参建单位简介

1. 中标单位简介

中国交通建设股份有限公司（以下简称“中国交建”）是全球领先的特大型基础设施综合服务商，主要从事交通基础设施的投资、建设、运营，装备制造，房地产及城市综合开发等，为客户提供投资融资、咨询规划、设计建造、管理运营一揽子解决方案和一体化服务。

中国交建在香港、上海两地上市，公司盈利能力和价值创造能力在全球同行中处于领先地位。2019 年，中国交建居《财富》世界 500 强第 93 位；在国务院国资委经营业绩考核中“14 连 A”。目前，中国交建是世界最大的港口设计建设公司、世界最大的公路与桥梁设计建设公司、世界最大的疏浚公司、世界最大的集装箱起重机制造公司、世界最大的海上石油钻井平台设计公司，是中国最大的国际工程承包公司、中国最大的高速公路投资商。

中国交建有 60 多家全资、控股子公司，其中有身为中国诸多行业先行者的“百年老店”，有与共和国一同成长壮大的国企骨干，有在改革开放大潮中涌现的现代企业，有推动公司结构调整而成立的后起之秀，有并购而来的国内外先进企业。

中国交建从事相关业务已有 100 多年历史，产品和服务遍及 150 多个国家；通过几代员工的持续努力，建设了一大批代表世界、代表时代最高水平的交通基础设施，为客户提供了成熟完备的服务，形成了全球领先的技术体系，形成了“用心浇注您的满意”的服务文化。

中国交建坚持以“让世界更畅通、让城市更宜居、让生活更美好”为愿景，秉承“固基修道、履方致远”的企业使命，坚守“交融天下、建者无疆”的企业精神，正在努力向全球知名工程承包商、城市综合开发运营商、特色房地产商、基础设施综合投资商、海洋重工与港机装备制造集成商方向发展。

2. 参建单位

（1）中交一公局第六工程有限公司

中交一公局第六工程有限公司（以下简称六公司）是中国交建的三级子公司，隶属于中交一公局集团有限公司。

六公司坐落在美丽的天津滨海新区，注册资本金为50008万元，具有公路工程施工总承包一级、市政公用工程施工总承包一级、建筑施工总承包三级资质和公路路基、路面、桥梁、隧道、地基与基础工程等专业承包一级，公路交安、机电二级，环保工程、钢结构专业工程三级资质；2016年11月24日获得天津市“高新技术企业”证书，2017年9月获“天津市企业技术中心”证书。

六公司的产品涉及公路、市政、港口、铁路、房建、轻轨、水电和地基与基础工程等业务领域；工程项目分布在全国20多个省、自治区、直辖市，荣获“全国优质工程奖”“中国建设工程鲁班奖”“中国土木工程詹天佑奖”“全国市政金杯示范工程奖”“李春奖”“海河金杯奖”等众多奖项；近三年获专利授权40项，其中发明专利2项，实用新型专利38项；48项工法获评省部级及以上工法。

六公司倡导先进的管理理念，构建了科学的管理体系，于1997年率先实施了质量管理体系，于2003年通过了质量、环境和职业健康安全管理体系认证。六公司以“自强创新，追求卓越”的企业精神和“为社会提供优质服务、为企业创造更多价值，为员工搭建发展平台”的核心价值观，在外塑造了良好的企业形象，在内创建了“求真、务实、团结、和谐”的企业文化。

图3-3-1　一公局、二公局、二航局、三航局、中交路建参建的银百高速甜水堡经庆城至永和段高速

（2）中交路桥北方工程有限公司

中交路桥北方工程有限公司（以下简称中路北方）前身是原交通部第一公路工程局桥梁工程处，于2005年8月5日改制注册成立，隶

属于中交路桥建设有限公司（以下简称中交路建），是大型中央企业、世界500强企业——中国交通建设股份有限公司的三级子公司。

中路北方主要以承建高等级公路和高技术桥梁、隧道、城市轨道、市政工程以及铁路工程为主，拥有公路工程施工总承包特级资质、公路行业甲级设计资质，以及公路路基工程专业承包一级、公路路面工程专业承包一级、隧道工程专业承包一级、桥梁工程专业承包一级、市政公用工程施工总承包二级、公路交通工程专业承包公路安全设施分项二级、铁路工程施工总承包三级、建筑工程总承包三级、环保工程专业承包三级和测绘资质乙级（工程测量）等资质；被北京市科学技术委员会、北京市财政局、北京市国家税务局及北京市地方税务局认定为"高新技术企业"；被北京市经济和信息化委员会认定为"北京市企业技术中心"。

自成立以来，该公司立足主业，不断创新开拓，使业务领域从公路、桥梁走向铁路、市政，从"城外"走向"城内"，从"地上"走向"地下"，全面构建起了"公路、桥梁工程，铁路工程，市政工程"三位一体的业务格局；以精益求精的工匠精神，将建设的旗帜插到了国内28个省、自治区、直辖市以及海外市场；荣获近30项省部级及以上奖励，其中国家级奖项15项，包括国家科技进步特等奖、全国五一劳动奖状、中国建设工程鲁班奖（4项）、中国土木工程詹天佑奖（5项）、中国企业新纪录等荣誉；多次获得"全国优秀施工企业""公路建设行业诚信百家企业""全国交通基础设施重点工程劳动竞赛优胜单位"等荣誉称号，被山西、山东、贵州等省的政府单位和行业主管部门评为优秀施工单位，获得了业界的普遍认可和社会的广泛赞誉。

（3）中交二公局第四工程有限公司

中交二公局第四工程有限公司（以下简称四公司）前身为原交通部第二公路工程局第四工程处，是世界500强企业中国交通建设股份有限公司全资控股的三级子公司，直接隶属于拥有国家级企业技术中心、具有公路工程施工总承包特级资质的中交第二公路工程局有限公司。

四公司具有公路工程施工总承包一级，桥梁、公路路面、公路路基工程专业承包一级，市政公用工程施工总承包二级，隧道工程专业承包二级，预拌商品混凝土专业贰级资质，注册资本3亿元，资产总额近20亿元，现有管理和技术骨干约1300人，年产值达60亿元。

该公司承建的工程，技术、工艺、质量均处全国同行业先进水平，竣工验收合格品率100%，优良品率100%，顾客满意度96%以上；多项工程荣获"鲁班奖"

“詹天佑奖”、公路交通优质工程奖等国家级、省（部）级奖项，建设团队多次荣获部省和集团公司表彰。

该公司先后开展了十余项科研课题攻关，在江南软基、淤泥强化处理，北方干旱地区粉砂填筑等特殊路基施工方面取得了重大技术突破；路基、路面、桥梁等施工技术、工艺、质量在全国同行业中居领先水平；在苯乙烯－丁二烯－苯乙烯嵌段共聚物（SBS）、沥青玛蹄脂碎石混合料（SMA）混凝土面层，连续布筋大坡度钢筋混凝土面层，橡胶改性沥青应力吸收层（SAMI）施工，桥梁工程连续预应力混凝土箱梁悬臂浇筑施工，山区超高墩小半径曲线大纵坡多跨连续箱梁施工，软岩隧道锚喷，黄土隧道新奥法施工等领域具有绝对技术优势。该公司自主研发的施工项目信息管理系统（CPMIS）、公路工程仿真系统、协同办公系统等信息化管理软件实现了集路桥施工数字化、图形化及网络化于一体的动态管理，完成了工程产品从结果控制到过程控制的根本转变，为国内施工企业项目管理创新发展的尖端成果之一。

（4）中交第二航务工程局有限公司

中交第二航务工程局有限公司（以下简称二航局）创建于1950年，是原交通部直属的四家航务工程建设一级施工企业之一，是中国交通建设股份有限公司全资子公司，是一家融设计、施工、科研、资本运作于一体，以路桥、港航、铁路、城市轨道交通、市政工程施工为主业，立足“大土木”、多元化经营的大型工程建设企业，市场遍布全国，乃至全球24个国家和地区。

二航局具有公路工程施工设计—总承包特级、港口与航道工程设计—施工总承包特级、市政公用工程施工总承包一级和城市轨道交通工程专业承包等资质；现有员工9000多人，其中经营管理和专业技术人员7000多人；拥有各类大型工程船舶近百艘，施工机械设备4000余台（套）。

2003年，二航局通过了质量、环境和职业健康安全一体化管理体系认证。2007年，二航局桥隧实验室被认定为交通部长大桥梁重点实验室。2009年，二航局技术中心被认定为国家级技术中心。2011年，二航局联合设计单位成功申报公路长大桥建设国家工程研究中心。

该公司在公路工程以及市政、水利、环保工程领域取得了突出的业绩。与此同时，该公司还大力发展投融资业务，大力进军海外市场，开拓城市产业园投资运营、公共停车场建设运营、垃圾和污水处理等城市综合投资开发运营新业务，实现企业经营的转型升级。

该公司承建的项目荣获国家和省部级优质工程奖206项，包括中国土木工程詹天佑奖19项，鲁班奖14项，国家优秀工程金奖9项、银质奖18项，中国市政工程金杯奖5项；先后7次斩获国际桥梁协会“亚瑟·海顿奖”“乔治·理查德森奖”“古斯塔夫斯·林德恩斯奖”“尤金·菲戈奖”，10次获得“菲迪克”工程项目奖，还获得了国际桥协“杰出结构工程奖”、英国“卓越结构工程大奖”、国际道路联盟全球道路成就奖。

图3-3-2 中路高科涵洞检测

二、标段概况

（一）基本情况

二标段项目起讫桩号分别为K3635+000和K3699+700，全长85.109千米（断链长20.409千米），合同工期为2018年6月至2021年6月，主体工程（中国交建）完成投资616330.74万元，房建工程（中交一公局集团有限公司）完成投资2079.67万元。二标段下设两个项目分部。

（二）主要工程量

路基工程涉及填方1271万立方米，挖方128万立方米，涵洞184道；桥梁工程使用桩基3526根，预制梁5293片；路面工程使用级配碎石82万吨，水泥稳定碎石168万吨，沥青混凝土90万吨。

（三）计量支付比例

二标段项目交工验收后支付60%，竣工验收后再支付10%，到2026年支付剩余的30%。

三、施工重点、难点及解决方案

（一）一分部

1. 重点、难点

K3650+820桑曲河特大桥是二标段关键性控制工程，起讫桩号分别为K3650+237.5

和K3651+402.5，桥长1165米，桥宽2×12.75米，设计桥孔数为58，跨径为20米。

2. 解决方案

上部结构采用预应力混凝土（后张）简支小箱梁，桥面连续，桥墩采用柱式墩，桩基础。

（二）二分部

1. 重点、难点

二分部工区全长20.3千米，共9座桥，其中大桥1480米/3座、中桥130米/2座、小桥26米/4座，桥梁结构物较多，且工程量较大，加之所在地区冬季寒冷且持续时间较长，实际有效施工时间短，工期紧张，结构物施工是项目施工的重点。

二分部线路多次与既有G109线相交，需对既有G109线进行改移。而既有G109线为进藏重要通道，保通压力较大。

格拉输油管线位于施工区域内，保证其安全也是施工重难点。一方面，项目线路上重车经过会对输油管线造成影响；另一方面，由于输油管线位于路基红线内，项目施工存在一定的风险，对管控要求高。

项目区主要特殊性岩土为季节性冻土，全线有多处季节性冻土、不良地质地段，对路基、涵洞施工影响较大，是施工管理需要解决的重点问题。

项目地处青藏高原，全年气温较低，因此预制梁板的保温养生是施工质量和进度

图3-3-3　雪后的桑曲河特大桥工地

控制的重点。

二分部线路有下穿青藏铁路既有桥梁 1 处，其路基形式为分离式桩板路基。施工中既有 G109 线保通、结构施工、安全防护是工程重难点。

图 3-3-4　雪中施工

2. 解决方案

桥梁工程施工中，进行合理的现场组织，充分利用有利季节、有效施工时间，通过增加设备投入、人员投入和良好的技术服务，保质保量完成计划任务。

改移既有 G109 线施工前充分调查，与路政、交管部门共同确定可行的保通方案，设立必要的临时保通车道，加强安全防护及导行指示，安排专人指挥交通，保证了行车和改路的通畅及安全。

施工前深入调查，探明输油管线走向及位置，对交叉跨越段提前按要求进行防护；在并行段输油管附近禁止大型机械施工，需要开挖时采用人工及小型机具开挖，禁止扰动和损坏管线。

全线多处季节性冻土、不良地质地段的路基施工主要采用透水性良好的材料进行换填，特别是在低填浅挖路段应用了防冻隔水层进行施工，效果显著。

针对高原地区早晚温差大，冻融循环严重，对混凝土质量影响较大的问题，在预制梁施工中优化混凝土配合比，加大资源投入，采用蒸汽养生，将密闭保温措施落实到位，保证了梁板预制质量。

鉴于线路下穿的既有铁路桥为钢梁与混凝土板结合梁桥，施工前对既有线进行改移保通，在桥下路侧设置安全防护、警示及指示标志等安全设施；邻近铁路桥梁结构施工采用小型机械，以减小震动；施工过程中加强沉降及位移监测，确保了铁路桥墩安全。

四、建设管理主要经验

（一）内业管理

二标段引进学习了中国交建工序检验控制管理系统。该系统操作简易，施工班组

图 3-3-5　安全培训资料送到工地

可以查看标准库，先行对施工工序进行自检，自检合格后再向技术员报检；技术员也可以用标准库中的规范对施工工序进行检验。这样既提高了作业班组对施工质量的责任心，也提高了作业班组的技能与知识水平。

为更好地提高项目内业信息化管理水平，二标段采用西藏自治区交通工程质量安全管理系统。该系统在测量、试验、物资以及质检资料等各方面均可实现信息共享，方便了各部门之间的沟通。

（二）外业管理

1. 加强隐患排查，实时督促整改

根据项目部质量管理办法，每月由质检部牵头，项目总工带队，组织质检部、试验室、工区等部门人员，对工程进行月度质量大检查。检查中，及时就现场施工存在的质量隐患对施工队进行指正，并督促其限期整改完成，同时加强对现场施工人员质量、安全意识的宣传和教育。

对于现场存在的质量问题，及时进行整理、分析。并通过会议形式将存在问题、形成原因以及整改方案对作业班组进行教育宣贯，要求现场技术员在施工过程中加强过程管控，对易发生质量问题的部位必须旁站监督，提升全体职工的质量责任心，保证工程质量。

2. 建立健全质量管理体系

2020年，项目部完善了质量管理组织机构建设，并维持了质量管理体系的良好运转。项目部、作业队都按要求配置了相关的职能人员，新增班组长质量责任制，将“要我管质量”，提升为“我要管质量”，增强作业队伍班组长的质量责任心。与此同时，项目部还健全了质量管理体系和质量保证体系，组成了优秀的管理机构，并完善了项目质量管理体系、试验检测计划和创优计划等文件。

3. 提升现场施工质量

西藏高海拔地区气温低，对混凝土质量影响较大，可施工时间短。为确保箱梁生产进度，提高箱梁质量，项目部制定了箱梁预制施工技术方案以及冬季施工技术方案。现场施工严格按照方案要求进行，大大提高了箱梁预制的质量，加快施工进度。

为保证工程质量，杜绝盲目施工，确保各分部、分项工程施工质量符合设计标准及技术规范要求，项目部通过试验段来确定各个工序的最佳施工方案，基于对各种检测数据的对比、分析与总结，指导全线分部、分项工程施工。各部门通力协作、稳扎稳打、精心组织筹划，制定详细的施工方案，严格把控各工序要点。

项目领导带队，各部门负责人及现场负责人参与，对路面施工现场进行专项检查，实施无死角排查，时刻提醒技术员和各施工班组注意质量控制点，严格把控路面施工质量，使项目路面施工保质保量有序进行。

五、节点工程进度

图 3-3-6　2018 年 11 月 24 日，那羊二标二分部桩基施工全部完成

图 3-3-7　2019 年 8 月 30 日，那羊二标二分部路面水稳层施工全部完成

图 3-3-8　2019 年 10 月 17 日，沥青上基层（ATB-25）施工全部完成

图 3-3-9　2019 年 10 月 20 日，那羊二标二分部梁板预制全部完成

图 3-3-10 2019 年 11 月 3 日，那羊二标二分部梁板架设全部完成，主线贯通

图 3-3-11 2020 年 5 月 9 日，下穿铁路桩板路基施工完成

第四章 第三标段

一、标段名称和投资情况简介

（一）标段名称

第三标段全称为：国道109线那曲至拉萨公路改建工程那曲至羊八井段第三标段。

（二）中标单位和参建单位简介

三标段由中国中铁股份有限公司于2018年4月16日中标并成立项目管理公司，由西藏交通建设投资有限公司、中国中铁股份有限公司和项目管理公司三方共同签订施工承包合同，由项目管理公司代表承包人（中国中铁股份有限公司）履行合同中承包人的权利和义务。三标段下设四个分部，由中铁三局集团有限公司、中铁一局集团有限公司、中铁十局集团有限公司、中铁二局集团有限公司分别组建项目部具体参建。

1. 中标单位简介

中国中铁股份有限公司（以下简称中国中铁）是集勘察设计、施工安装、工业制造、房地产开发、资源矿产、金融投资等业务于一体的特大型企业集团，总部设在北京。

中国中铁位列2020年度ENR（《工程新闻记录》）全球最大承包商第2名，连续15年进入世界500强，2020年在《财富》世界500强中排名第50位，在《财富》中国500强中排名第6位。

中国中铁具有铁路工程施工总承包特级资质、公路工程施工总承包一级资质、市政公用工程施工总承包一级资质以及桥梁工程、隧道工程、公路路基、路面工程专业承包一级资质，拥有中华人民共和国对外经济合作经营资格证书和进出口企业资格证书。

中国中铁参与建设的铁路占中国铁路总里程的三分之二以上，建成电气化铁路占中国电气化铁路的90%，参与建设的高速公路约占中国高速公路总里程的八分之一，建设了中国五分之三的城市轨道工程。

中国中铁业务范围涵盖了几乎所有基本建设领域，包括铁路、公路、市政、房建、城市轨道交通、水利水电、机场、港口、码头等；提供建筑业“纵向一体化”一揽子交钥匙服务；实施有限相关多元化战略，在勘察设计与咨询、工业设备和零部件制造、房地产开发、矿产资源开发、高速公路运营、金融等业务方面也取得了较好发展。

中国中铁是科技部、国务院国资委和中华全国总工会授予的全国首批创新型企业；获国家科技进步奖 120 项、“鲁班奖”185 项、“詹天佑奖”140 项；拥有特级资质达 75 项；拥有高速铁路建造技术国家工程实验室、盾构及掘进技术国家重点实验室、桥梁结构健康与安全国家重点实验室。

2. 参建单位

（1）中铁三局集团有限公司

中铁三局集团有限公司（以下简称中铁三局）前身是原铁道部第三工程局，于 2000 年 11 月改制为有限责任公司，2007 年作为世界“双 500 强”企业中国中铁股份有限公司的全资子公司在沪、港同步上市。

中铁三局主要从事交通基础设施工程建设施工，是全国首批工程总承包建筑企业，具有铁路工程施工总承包特级资质及建筑工程施工总承包特级资质，经营范围涵盖国内外土木工程施工，机械租赁，地方和专用铁路运营与管理、投资及 BT 项目建设，房地产开发，建筑工程勘测设计咨询服务等。

建局 60 余年来，中铁三局先后承建了 600 余项国家重点工程和国外工程，建成铁路里程总长度超万千米，占我国铁路通车里程的十分之一；进入 21 世纪以来，先后参建了 80 余条铁路新线、复线建设及技术改造工程，特别是在我国新一轮高标准铁路建设中参加了多条重点客运专线和高速铁路工程的建设；在城市轨道工程施工方面，承建了北京、上海、广州等大城市地铁工程，积累了多种复杂地质条件下铁路建设的综合施工经验。同时，该公司还参建了全国数十条高速公路和市政工程。在海外市场，该公司参建了十几个国家和地区的建设工程。

截至 2019 年底，该公司荣获各类科学技术奖 198 项，其中包括国家级科技进步奖特等奖、全国科技大会优质奖、全国新技术金奖以及大量省部级科学技术奖项；荣获“鲁班奖”、国家市政工程金杯奖、国家优质工程奖、“詹天佑奖”、“白玉兰奖”等国家和省部级工程奖项 320 余项；获得全国质量效益型先进企业、全国用户满意施工企业、国家高新技术企业、全国施工设备管理先进单位、全国守合同重信用企业等荣誉称号，以及大量省部级相关荣誉称号。

（2）中铁一局集团有限公司

中铁一局集团有限公司（以下简称中铁一局）是世界“双500强”企业——中国中铁股份有限公司的全资子公司。中铁一局前身为原铁道部西北铁路干线工程局，于2000年改制成立。

中铁一局具有铁路、公路、市政公用、建筑工程施工总承包特级资质，铁路铺轨架梁、桥梁、隧道、公路路面、公路路基、环保工程专业承包一级资质等；同时还具有铁道甲（Ⅱ）级、市政、建筑行业甲级设计资质，以及工程造价咨询甲级、测绘甲级等多项资质。

中铁一局始终致力于国家基础设施建设。建局70余年来，参建干、支线铁路140余条，铁路运营线路铺轨4.3万余千米，约占新中国铁路铺轨总量的七分之一；累计修建公路8000余千米；完成房屋建筑3200余万平方米。业务范围覆盖除台湾以外的全国各省、自治区、直辖市，并在十余个国家开展工程承包业务。

中铁一局始终坚持“百年大计，质量为本”的方针，截至2020年共获得“鲁班奖”23项、“詹天佑奖”23项，国家优质工程奖85项（其中金质奖9项）；始终坚持科技兴企战略，共获得国家级科技奖19项，省部级科技奖388项；荣获新中国成立70周年“功勋企业”、全国守合同重信用企业、中国施工管理优秀企业、全国企业文化建设优秀单位等上百项国家级荣誉，并荣获全国脱贫攻坚先进集体称号。70年来，

图3-4-1　中铁一局参建京沪高铁济南黄河大桥

先后涌现出 25 位全国劳模。

中铁一局 1998 年通过了 ISO9002 标准质量体系认证，2003 年通过了质量、环境和职业健康安全管理三位一体化认证，2010 年 12 月通过了新加坡 SGS 国际认证机构对企业质量管理体系运行的外部认证审核，2011 年 12 月又通过了北京 SGS 国际认证机构的环境和职业健康安全管理体系运行外部认证审核；2016 年通过了新加坡建筑局（GGBS）的绿色优雅建筑商认证。

（3）中铁十局集团有限公司

中铁十局集团有限公司（以下简称中铁十局）为世界“双 500 强”企业——中国中铁股份有限公司的骨干成员，是以工程施工总承包为主的跨行业、跨国经营的特大型企业集团。

中铁十局拥有铁路工程施工总承包、建筑工程施工总承包、市政公用工程施工总承包、公路工程施工总承包 4 项特级资质和铁路、建筑、市政、公路行业 4 项甲级工程设计资质；下辖建筑公司拥有建筑工程施工总承包特级资质和建筑行业甲级工程设计资质，下辖二公司拥有公路工程施工总承包特级资质和公路行业甲级工程设计资质，是中国中铁旗下首家拥有“六特六甲”资质的企业。中铁十局还拥有水利水电、机电安装工程施工总承包一级资质，桥梁、隧道、环保、钢结构、铁路电务、电气化工程及建筑装饰装修、电子与智能化施工专业承包一级资质，测绘甲级、勘察乙级资质，拥有对外承包工程资格和对外援助成套项目 A 级资质；在国内外设有 19 个子、分公司。

多年来，中铁十局先后参与百余条国家大型高铁、客运专线、重载铁路工程建设，承建了多个铁路新客站和枢纽工程，以及新建、改建、扩建铁路干线、支线 6800 余千米；先后参与了百余条高速公路建设，建成高速公路总长 2000 余千米，各类大桥、特大桥 1000 余座；参建了全国 20 多座城市的地铁和轻轨交通项目，完成了国内诸多城市千余项市政工程项目；在国外的工程项目施工和采矿投资开发运作等领域的发展成效显著。

中铁十局多年来先后荣获“鲁班奖”“詹天佑奖”“国家优质工程奖”“全国市政金杯示范工程”等国家级工程奖 32 项，省部级工程奖 155 项；获评国家级工法 38 项，获得专利授权 382 项；获省部级科技进步奖 99 项、省级以上技术创新优秀成果奖 89 项次。中铁十局还通过了“质量管理体系”“环境管理体系”等多项认证，先后被授予全国优秀施工企业、全国优秀诚信企业、全国文明单位、全国公路行业优秀施工企业等荣誉称号。

（4）中铁二局集团有限公司

中铁二局集团有限公司（以下简称中铁二局）前身为西南铁路工程局，是世界“双500强”企业——中国中铁股份有限公司旗下的核心成员企业。

中铁二局秉承“干一项工程，树一座丰碑”的理念，先后参了全国300多条重点铁路建设，累计里程16000余千米，为中国铁路建设作出了重要贡献；参建了200多条高速公路、40个项水利水电项目、20余项机场港口以及数千项市政和城市轨道交通等工程。

中铁二局积极响应党和国家号召，坚定不移实施“走出去”战略，先后参加了坦赞铁路、南也门亚丁环城公路、尼泊尔国际会议中心、老挝13号公路、越南容橘造船厂、文莱房建以及委内瑞拉铁路等海外项目，并积极参与“一带一路”建设，在国外承揽了一批极具国际影响力的工程，项目遍布50多个国家和地区。

目前，中铁二局已发展成拥有全资及控股子公司24个，集工程施工、基础设施建设管理、房地产开发、勘察设计咨询、商贸物流、商业物业等业务于一体的大型现代产业集团；先后荣获国家及省部级科技进步奖84项，获评国家及省部级工法366项；荣获“鲁班奖”31项、国家优质工程奖41项、中国土木工程詹天佑奖21项、中国建筑工程装饰奖18项、省部级优质工程奖441项，获得专利授权437件；获得全国抗震救灾英雄集体、全国五一劳动奖状、全国优秀施工企业、中国工程建设诚信典型企业等荣誉。

二、标段概况

（一）基本情况

国道109线那曲至拉萨公路改建工程那曲至羊八井段第三标段起于当雄县公塘乡，止于当雄县羊八井镇桑巴萨村，起讫桩号分别为K3699+700和K3779+450，全长77.749千米，计划工期36个月。

该标段下设四个项目分部，一分部管理范围起讫桩号分别为K3699+700和K3706+400，二分部管理范围起讫桩号分别为K3706+400和K3719+900，三分部管理范围起讫桩号分别为K3719+900和K3730+520，四分部管理范围起讫桩号分别为K3730+520和K3779+450。

（二）主要工程量

路基共65千米，涉及挖方251.86万立方米、填方1429.75万立方米，防护排水34

万立方米；桥梁共 11.8 千米 /62 座，其中特大桥 2 千米 /2 座，大、中、小桥共 9.8 千米 /60 座；隧道 1055 米 /1 座，涵洞、通道 182 道，桥隧比为 16.6%；互通式立体交叉 1 处，即当雄互通；当雄服务区 1 处，U 形转弯设施、念青唐古拉山观景台 1 处，羊八井服务区 1 处，养护中心 1 处。

图 3-4-2 使用八轮仪检测路面平整度

（三）投资情况

该标段投资方式为银行贷款，主体工程完成投资 583327.06 万元，房建工程（中铁一局集团有限公司）完成投资 17385.08 万元。

三、施工特点、难点

（一）施工管理跨度大、协调难

该标段全长 77.749 千米，工程量及资源投入大，路基以填方为主，换填、借土数量大，沿线现有砂石料厂产量远远无法满足施工生产需求，需制定科学合理的供应方案，施工管理跨度大；该标段工程与青藏铁路交叉 1 次，与既有 G109 线交叉 4 次，施工协调工作复杂、量大并有很大难度。

（二）高原施工人员和机械效率低、成本高

该标段地处青藏高原腹心地区，所在的当雄盆地海拔高度达 4200 米以上，空气密度低、严寒、缺氧、温差大、紫外线强、植物稀少，导致人工和机械效率严重下降、工程投入增加。

（三）沿线生态脆弱，环保要求高

由于西藏地区地理位置特殊，生态环境极为脆弱，对于环境扰动特别敏感，遭到破坏后难以恢复，造成施工期间污水处理、边坡绿化、生态恢复较难，增加了工程成本。

四、控制性工程和重点、难点攻坚

三标段以隧道、桥梁、路基路面工程为施工中的控制性节点，各参建单位采取了有效的技术手段和严格的施工管理措施，以保证工程在计划工期内优质、安全建成。

（一）控制性工程及攻坚措施

1. 隧道

当雄隧道是分离式隧道，左线长度为1100米，右线长度为1010米，全线均为Ⅴ级围岩，施工难度大，在Ⅴ级加强段极易出现塌方现象，施工安全风险大。施工单位采用慢掘进、按照设计要求进行支护、严格控制安全步距等方式保证施工安全；考虑到整体的施工工期安排，在隧道进口增设工作面，采用双向施工的措施来提高工作效率，保证隧道在2019年年底贯通。

针对性的攻坚克难的措施包括：认真编排当雄隧道专项施工组织设计，加强隧道地质超前预报，做好监控量测，认真优化隧道爆破方案，确保隧道开挖安全；加强与地方相关部门的联系和沟通，确保隧道施工有序推进；对所有参建人员进行岗前安全知识、技能培训，落实特种设备人员持证上岗；严格按照设计方案进行开挖、支护作业。

2. 桥梁

（1）当曲特大桥

该桥位于青藏铁路南侧，以西南走向的线型斜跨当曲河、既有G109线，设计为7×（6×20）+（3×20）+（3×30）+（3×20）米，上部结构采用预应力混凝土（后张）简支小箱梁；下部结构方面，0号台采用肋板式台，51号台采用柱式台，桥墩采用柱式墩、钻孔桩基础；最大桥高14.5米。桥址处河床横向坡度小于1.5%，水流纵线坡度小于3%，河谷宽度约100米，河水水位随季节变化较大，雨季水深5至8米，旱季水深小于3米，河床土质为砂砾卵石。该桥水中桩基、高墩和箱梁架设施工质量、安全保障、环保要求高。

当曲特大桥桩基设计在50米以上，且所处河道水位较高、地质情况复杂，成孔后沉渣较多且较快，较容易塌孔。针对性的攻坚克难措施包括：桩基钻孔时，采用加长的8米钢护筒对孔口进行围护；桩基钻进过程中，采用“桩博士”化学泥浆进行护壁。对于沉渣较多且较快问题，在钢筋笼制作时采用长节制作，以缩短现场钢筋笼的下放时间；在下放钢筋笼前进行二次清孔，在钢筋笼下放两节后，使用大吨位吊车提出并再次进行清孔，确保沉渣厚度满足要求。采用“桩博士”化学泥浆进行护壁，有效防止塌孔；在塌孔严重时采用素混凝土进行灌注，而后重新进行钻孔。

（2）堆巴果大桥

该桥位于既有G109线和青藏铁路之间，为跨沟槽而设，桥梁轴线总体走向方位角约315°，设计为右幅22×30+7×20米、左幅20×33米，上部结构采用预应力混凝土（后张）简支小箱梁，下部结构为双柱式墩、柱式台、钻孔桩基础，最大桥高 36 米。桥位处于剥蚀地貌丘状山包，陡坎状斜坡地形，整体上呈两侧高、中间低之势，中间槽谷宽 50—60 米，较为开阔、平缓；槽谷两侧为陡立基岩斜坡，出露砂岩，最大相对高差 37 米。该桥是三标段控制工程，高墩和箱梁架设施工质量要求、安全风险高；位于陡坡之上，且上有青藏铁路通行、下有青藏公路通行的情况，也使得施工难度较大。

针对性地攻坚克难的措施包括：通过多次查看现场地形，并邀请业主、设计、监理及各专家现场查看，对桥梁桩基纵坡进行了优化。对桥梁右侧上体采用主动网进行防护，桥梁左侧增加被动防护网及缓冲沟进行防护，确保公路及铁路的通行安全。采用 6 台大功率挖掘机开挖施工平台，并增派安全人员指挥作业。

（3）跨青藏铁路大桥

该桥为控制性工程，涉及既有线施工，列车及施工安全是控制的重点，攻坚克难的措施包括：加强组织安排，进场后根据场地提供情况，尽量先施工跨铁路区段的下部结构，为上部结构施工提供条件；加强安全管理，及时与所跨铁路相关部门取得联系，编制好跨青藏铁路大桥的专项施工方案，并报相关部门审批；进行基础施工时做好既有线路基的保护措施，进行上部结构施工时在铁路范围设置防护棚架、防护网，防止杂物坠落；合理配置模板、机具等周转材料和施工机械设备，加快施工进度。

针对桥梁情况，该标段加强施工组织设计，编制专项施工方案，根据气候变化、架梁顺序，合理组织下部结构施工顺序以及预制梁的预制顺序，雨水季节抢先施工河岸上的桥梁下部结构，旱季施工河水中的桥梁下部结构。对处于剥蚀地貌丘状山包、

图 3-4-3　那羊三标段二分部当曲特大桥顺利合龙

陡坎状斜坡地形中的桥梁，开挖山坡，修筑便道及施工平台，并对边坡下围挡防护。施工前充分准备好人员、材料、物资和机械设备，过程中牢抓安全与质量，尤其是高墩施工的安全把控。

（二）针对施工重、难点的攻坚措施

1. 高原路基填方和结构物混凝土施工

该标段所在的当雄盆地海拔高度在4200米以上，属高原寒温带，昼夜温差大，干湿季分明，天气变化大，主要自然灾害为雪灾、风灾等。在高原缺氧以及温差大等因素下确保路基填方和结构物混凝土施工，是项目控制的重点。

该标段对应的攻坚克难措施为：根据气候变化，合理组织路基及结构物施工顺序，雨季时进行河岸上的桥梁施工，旱季时集中力量进行路基填筑和河中桥梁下部结构施工；与气象部门建立紧密联系，时刻关注天气变化，尽量做到提前预防；配足保暖防冻应急物资，确保遇到紧急情况可以及时进行覆盖保温；合理组织施工队伍，进行平行流水作业；抢晴天，战雨天，在施工的黄金季节加快施工进度。

2. 路面工程

该标段路面工程既影响关键工期，也决定关门日期，然而前期调查发现当地山石开采困难，河道卵石多为石灰岩和变质岩，因此保证路面碎石层的质量满足要求是需要解决的突出难题。

该标段对应的攻坚克难措施为：全线施工围绕路面施工顺序进行合理组织，先铺段先施工；加强料场调查和优质路面碎石层填料的筛选，提前备料，确保路面施工时有料可用，用料合格。

3. 季节性冻土路基施工

在季节性冻土上开展路基施工且保证工程质量，是当前业界需要解决的重大技术难题，也是三标段项目控制的重点环节。对应的攻坚克难措施为：合理安排冻土段路基施工时段；提高路基，以填方通过季节性冻土区，尽量避免出现零填、低填路基；加强地表及地下排水，在排水沟、边沟下设置碎石盲沟，同时在填方路基底设置隔断层。

4. 高边坡、临近既有铁路的施工

在高边坡，同时临近运营中的青藏铁路的施工中，确保工程进度和铁路运行安全是三标段项目控制的重点。对应的攻坚克难措施为：编制合理、科学的专项施工方案，并按相关文件报批，严格按批准的方案进行施工；做好临近铁路施工的防护，与相关站段签订安全协议和施工协议，在施工期间邀请站段监督人员进行现场监督指导；边开挖、边支护时，加强对高边坡的监测工作；保证锚索、锚杆框架梁的施工质量；加强边坡坡顶的临时排水。

5. 保障施工人员的生命健康安全

在高原地区，同时确保参建人员在高强度施工中的生产效率和生命健康安全，也是三标段项目控制的重点。具体的攻坚克难措施为：在进场前为所有参建人员进行体检，谢绝健康状况不适宜的人员进场，做好建设者职业健康保障工作；定期进行现场施工人员体检，对不适于高原作业的人员及时予以更换和调整；实行轮换制，执行现场作业人员不超过3年的原则；建立健全医疗机制，在各工点配齐吸氧室、增压舱、医务室、救护车等医疗保障设施设备，配齐医务人员并与当地医院建立联动机制，保证病人能够得到及时的医治；以能用机械则尽量不用人工为施工组织原则，尽量提高机械使用率、机械设备的成组配套，减少作业人员投入；优先选用电动设备，少用内燃机设备；必须使用内燃机设备时，选择大功率内燃机械设备，保证功效。

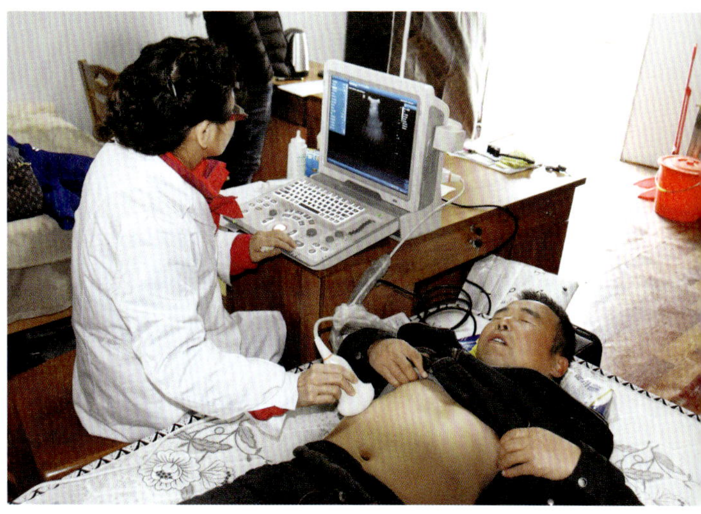

图 3-4-4　为员工进行体检

6. 大温差条件下的混凝土施工

在高原地区低气温、昼夜温差大的条件下保证混凝土施工质量，是三标段工程的难点。相应的攻坚克难措施为：设置集中混凝土拌和站，采用全封闭及加热系统；加强砂石备料，确保混凝土的生产、供应；加强混凝土养护工作，保证混凝土强度；合理调节好工序，尽量在白天气温相对较高的时段进行混凝土浇筑施工。

图 3-4-5　墩柱混凝土强度检测

图 3-4-6　箱梁混凝土强度检测

五、建设管理主要经验

（一）项目管理体系

项目经理部负责内外协调和总体施工组织工作。

项目部工程部负责工程的施工技术管理、内业资料的收集整理，并负责项目的技术攻关工作。

物设部根据配置计划进行物资和机电设备的采购和管理。

工经部负责计划、合同、计量管理。

中心试验室负责工程材料检测和试验工作，以及工程材料取样与实体的取样工作。

各项目分部对各自管段内的施工安全、质量、进度和效益负责，分别设立工程部、安质部、物机部、工经部、财务部、综合办公室和工地试验室，负责各自管段内工程的具体实施，实行独立核算。

（二）时间和成本管理

三标段工程于2018年6月1日开工，计划工期36个月。项目部进度管理是按期完成施工任务、造福西藏人民的重要保障，成本管理是实现各项成本可控，实现项目管理效益最大化，实现多方合作共赢的重要保障。

（三）质量管理

项目地处青藏高原，高寒缺氧，昼夜温差大，相对湿度低，蒸发量大，因此参建单位在施工组织设计中充分考虑环境特点，将环境因素作为施组和各项方案编制的前置因素，确保各项方案在高原环境下的可行性。

图3-4-7　第三总监办工地试验室

1. 明确质量管理目标

明确要求单位工程验收合格率达到100%，努力实现工程质量“零缺陷”；明确要求交工验收的工程质量评定等级达到合格标准，竣工验收的工程质量鉴定等级达到优良标准。

2. 建立质量管理体系

编制详细的施工质量管理办法，通过制

度管理对整个施工生产质量管理工作进行有效的组织与协调，明确了工作程序，明晰了项目公司和参建施工单位的质量管理责限，保障质量管理的全面性和落实。

3. 签订质量责任书

明确各参建单位的质量责任，保证质量目标落实到具体的责任人。

（四）风险管理

为保证能够在潜在的灾害性事故发生时快速反应、紧急救援，最大限度地减少或降低突发事故造成的人员伤害和财产损失，对风险源进行了评估，并制定事故应急预案，建立风险源安全保证措施。

图 3-4-8 路基顶验收

（五）采购管理

项目集采物资供应委托中铁物贸集团有限公司成都分公司负责，供应实施方案为“统招、分签、分付”模式，即由中铁物贸成都分公司对集采物资实施集中招标采购并收取中标供应商一定比例的服务费，由中标供应商与施工单位签订买卖合同并结算货款，项目公司积极配合中铁物贸开展工作。

（六）质量管理具体措施

1. 从源头抓质量，提高参建者质量意识

通过思想教育，提高施工生产、施工技术管理人员，施工班组作业人员的质量意识，增强参建人员的质量责任心。在项目建设中高起点策划、高标准建设、高效率推进、高品质打造，确保工程质量达标。

2. 明确质量目标，压实质量责任

三标段工程交工验收的质量评定目标为“合格”，工程竣工验收的质量评定目标为“优良”。承包人对三标段建设工程的施工质量在设计使用年限内依法终身负责。

3. 完善质量管理制度和质量保证体系

建立健全质量组织机构，在制度上不留任何死角、盲区。

4. 对参建全员进行可视化交底、培训

项目部与班组进行庖丁解牛般的讨论、交底，采用了包括引入图片、视频资料，组织现场查看、参观以及利用目视管理标牌产生心理约束和行为影响等可视化手段。

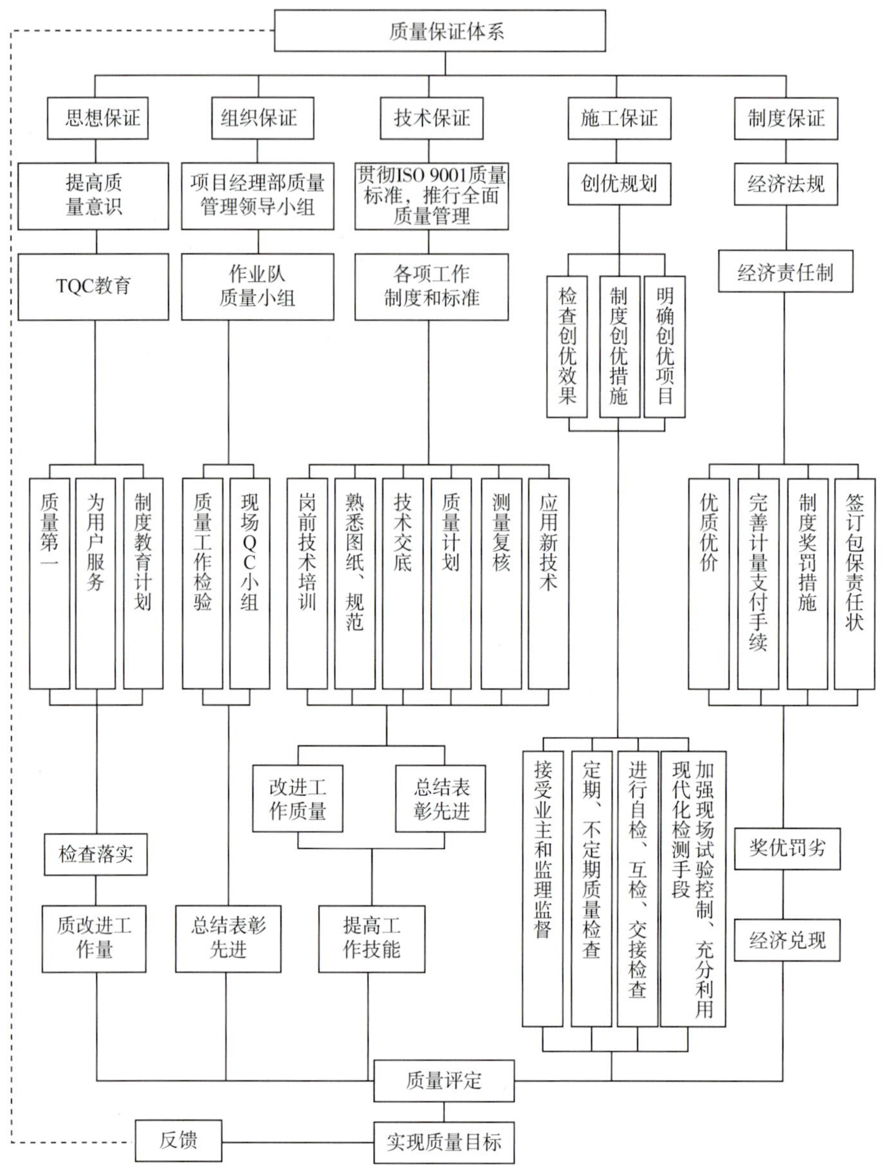

图3-4-9 质量保证体系图

5. 开展质量提升活动

组织工程质量事故案例与教育培训，就如何提升工程质量进行培训，对质量管理先进个人予以奖励。

6. 组织观摩

组织施工人员前往优秀项目观摩学习，推广示范工程的成功模式与经验。

7. 组织召开工程质量反思现场会

组织项目部主要管理人员及各协作队伍60余人，召开了工程质量反思现场会，并于会后组织观看质量事故警示教育视频，提高了项目管理人员及施工人员的质量意识。

8. 组织培训

编制质量通病防治措施，并组织学习培训。

9. 编制管理手册

制定项目管理标准化及质量控制要点手册。

10. 大力提升人员素质

加大对施工管理、施工人员技能培训的力度。组织学习质量管理制度、相关法律法规、施工技术标准等，使管理人员和施工人员在施工过程中有章可循；组织预制梁质量管理、路面质量管理专项培训，为提升施工质量夯实基础。

11. 开展混凝土质量通病治理活动

通过编制实施方案、排查问题、分析原因、确定处治方案，并以问题为导向，举一反三，采取防治措施，避免类似问题再次发生，提高了混凝土实体质量、外观质量。

12. 定期召开质量管理会议

定期组织质量排查、检查专项行动，并召开质量管理会议，对质量管理工作进行总结。

13. 优化设计

加强设计变更管理，优化施工设计，确保工程质量。

14. 加强施工过程质量控制，严格落实质量程序

筑牢质量管理体系这道防火墙、护城河，将质量生产检查常态化。把施工现场质量“三检制”贯穿到关键隐蔽工序质量检查验收、中间质量检查验收、交竣工质量检查验收等全部工作中，层层把关；实行质量包保制、实名制、分级分区管理，由上至下签订并严格落实质量责任终身制，明确责任，实行责任追究制，坚决不留质量死角。在程序管理上坚决不让步，以预防为主，对于出现的质量问题及时分析原因、对症下药，并及时总结，举一反三，避免再次发生。

15. 传承与创新相辅相成，打造一流工程

加强传统工艺工法学习，严格执行管理制度，夯实基础工作，坚守质量标准；同时发扬工匠精神，秉承“勇于跨越，追求卓越”的企业精神，完善管理制度，创新工艺工法，促进工程质量管理水平的提升。

（七）工程技术管理

1. 健全管理组织

建立健全技术管理组织机构、技术管理制度。

图 3-4-10 混凝土质量通病治理活动动员会

2. 强化安全意识

全面提升技术人员的技术意识、责任意识。对技术人员进行涵盖专业、管理、规范标准等内容的全面培训，提高技术人员专业水准，加强技术程序管理，营造“人人关心技术、人人重视技术”的氛围。

3. 强化制度落实

加强技术管理制度的贯彻执行力，强化在施工过程中的落实。

4. 加强施工现场技术管理

（1）技术交底

根据工程实际，对各工点的施工作业管控要点、环境进行全面分析，编制了施工作业技术交底，并分工种、分工序对作业人员进行了交底。

（2）施工测量管理

建立和落实测量复核制度，对精密导线点、加密控制点、水准点按规定频次进行复测。隧道贯通前进行不少于三次联系测量，测量精度满足规范要求。

（3）试验检测

加强对建筑材料使用的监督，不定期地对建筑使用材料进行了抽查。建立不合格检测报告上报制度，防止不合格建筑材料、构配件投入工程中使用。

（4）作业过程管控

加强作业过程管控，完善并强化现场管理、技术、安检、物设等管理人员的日常巡查及检查。对发现的作业人员违反施工方案、技术交底行为，及时进行制止和纠正，提高了技术交底在现场的贯彻执行能力，有效减少了安全质量事故的发生。

第四篇 科技创新篇

概　述

科技要成果，创新求突破。国道109线那曲至拉萨公路改建工程那曲至羊八井段的建设，开展的科研攻关，为西藏高原高速公路建设开辟出了一条打通高效、品质、耐用、安全、环保等诸多难关的科技之路。

通过依托工程建设开展重要科研课题，高海拔高寒地区安全驾驶及道路基础设施设计、清洁能源利用、生态防护、新材料等方面的研究取得了重要成果。各标段在软土地基、季节性冻土处理成套技术，以及适用于青藏高原环境的系列新工艺、新工法上实现了突破，为工程的实施乃至未来青藏高原地区公路交通的进一步发展强化了科技支撑。

第一章 依托工程建设开展的重要科研课题

一、高海拔高寒地区高等级公路安全保障关键技术研究

该课题通过研究高原高海拔地区各种驾驶环境下实际驾驶过程中的生理数据，建立了驾驶主动安全预警系统，实现提前对驾驶员的高原反应等不良特征的预警，从而有效预防因恶劣驾驶环境影响驾驶员判别能力而诱发的交通事故，对安全驾驶及道路基础设施的设计提出建议，鉴于西藏地区高等级公路养护难度大的特点，提出了耐久性交通工程设施优化设计。为依托工程的安全运营提供保障。

二、高等级公路服务区绿色建筑太阳能利用设计导则及关键技术研究

该研究提出了服务区区域的供暖热负荷计算指标及方法；提出了太阳能集热系统设计参数、太阳能蓄热装置设计参数、辅助供暖装置设计参数、太阳能系统自动控制设计参数等，详细分析了各关键设计参数的影响因素及合理取值；开展了实体工程工点实施方案设计研究及技术优化改进研究。

西藏地区服务区极端温度极低，年低温周期长，需供暖天数长达240天/年，部分地区采暖季长达11个月，这对太阳能供暖系统的供暖稳定性及防冻问题带来严峻的考验。

该研究对国道109线那曲至拉萨公路改建工程那曲至羊八井段项目所在地的太阳能资源进行了深入调研，并取得了一定的成果。相关研究成果在项目中得到了较好的应用，从而实现了在西藏高原高海拔地区服务区实施绿色建筑太阳能供暖的目标。

三、高寒高海拔高速公路生态防护及植物培养关键技术研究与示范

国道109线那曲至拉萨公路改建工程那曲至羊八井段项目位于青藏高原生态脆弱区，平均海拔高达4500米以上，沿线植物生长缓慢，植被生长条件极差，自然恢复年限长且恢复困难程度较高，环境恢复困难，环境保护压力大。因此，针对性地开

展了课题《高寒高海拔高速公路生态防护及植物培养关键技术研究与示范》的研究工作。

（一）植被调查

完成了青藏公路沿线植被调查工作，完成植物种基本数据整理、花色整理，逐步摸清各筛选原生植物种的花期、花色、种子生长期等，筛选出黄芪、沙生槐等适生植被，并于每年8—10月开展原生植被种源收集处理工作，为基地驯化培育奠定了基础。

（二）草皮保护与综合利用的植被保活与快速恢复技术

通过对草皮堆放的监测，确定了草皮堆放的最佳方式，并提出了两种不同的草皮利用方式。

国道109线那曲至拉萨公路改建工程那曲至羊八井段项目在K3732+500至K3735+500共3千米（单侧共5千米）范围内开展高原生态景观试验段建设工作。边坡以草皮保护与鲜花地被作为基本防护要素；在设计过程中，结合科研成果，采用草皮地被、开花灌木、开花草本植物三种类型构成边坡植物，模仿自然山体的植物分布，自坡上至坡脚进行各类型植物间作套种，起到护坡、保水、防止水土流失的作用，同时完成“花海”景观的构建。

四、西藏地区热熔路面标线的耐久性提升关键技术研究

西藏地区特殊的环境条件，导致交通标线的使用耐久性和检测技术存在不足。依托国道109线那曲至拉萨段改建工程项目，进行了《西藏地区热熔型路面标线耐久性提升及相关检测技术研究》，着力解决西藏地区标线质量的耐久性问题，稳步提升标线质量和标线的自动化快速检测水平，有效保障公路交通安全和服务水平，切实提高人民群众的幸福感、安全感。研究过程中，对西藏地区路面标线的整体情况进行现场调研，找出路面标线主要病害，结合该地区的气候特性，开展路面标线病害影

图4-1-1　草皮移植与保护

响因素和机理的研究工作；针对标线逆反射亮度指标快速检测的研究进行了前期实际调研，并在部分路段开展现场检测试验，为今后的研究工作提供了大量数据。

图 4-1-2　检测沥青摊铺温度

五、西藏地区沥青路面品质提升关键技术研究

该研究提出了适合西藏地材、环境特点的高性能沥青混合料设计及优化方法；提出适合西藏地区的桥隧铺装结构、材料设计方法及施工工艺；基于人工智能图像识别、无人机搭载红外探测技术、车载式探地雷达、激光测试技术，研发了一套基于大数据的路面原材料、施工过程控制及工后质量快速、无损的智慧监控技术。研究成果通过实体工程验证，总结形成了《西藏地区高速公路沥青路面施工技术指南》，用于指导西藏地区后续高等级公路沥青路面修筑，将显著提升西藏地区沥青路面工程品质，降低路面养护维修费用，减少道路频繁维修带来的交通拥堵及不良社会影响，满足人们对公路基础设施安全、舒适、高效的期待，具有重大的经济效益和社会效益。

第二章　各标段科技创新成果

一、一标段科技攻关内容

如何对软土地基、季节性冻土进行有效处理，是在西藏高海拔地区建设高速公路必须解决的首要问题。

一标段全线属季节性冻土区，其中K3631+334至K3633+000段、K3589+834至K3591+358段较为严重，平均海拔4500米以上，每年9月中旬开始冻结，冻结厚度0.2米；此后随温度的降低，冻结深度逐渐加大，最大冻结深度达3米；至次年3月全部融化。该路段以块石土、含砾低液限粉土和细粒土质砾为主，在初春季节受水、雪融水影响，地下水位较高，易形成冻害，造成路基翻浆、沉陷，使刚性路面出现错缝或折断；冻融则会使桥梁、涵洞发生少量下沉和不均匀下沉，出现开裂破坏。因此，冻土的冻胀及融化都会给工程带来危害，必须采取必要的防治措施，贯彻以防为主、防治结合的原则，如设碎石垫层或盲沟，挖积雪、降水坑等方法。

一标段的软基处理结合科研，大力开展技术创新，解决了桥头跳车、差异沉降等难题；通过对工艺的研究和创新，使施工质量易于控制。

图4-2-1　电加热模板

技术创新涵盖了综合处治技术、施工工艺、检测方法、沉降控制、沉降观测等各个方面，形成了软基处理设计、施工、质量控制等方面的成套技术。

关键技术主要有真空联合预压、水泥搅拌桩双向搅拌技术、长板—短桩法技术、混凝土芯水泥土搅拌桩技术、现浇空心薄壁墩技术、固化剂加固软土技术、深厚软土的沉降和侧向

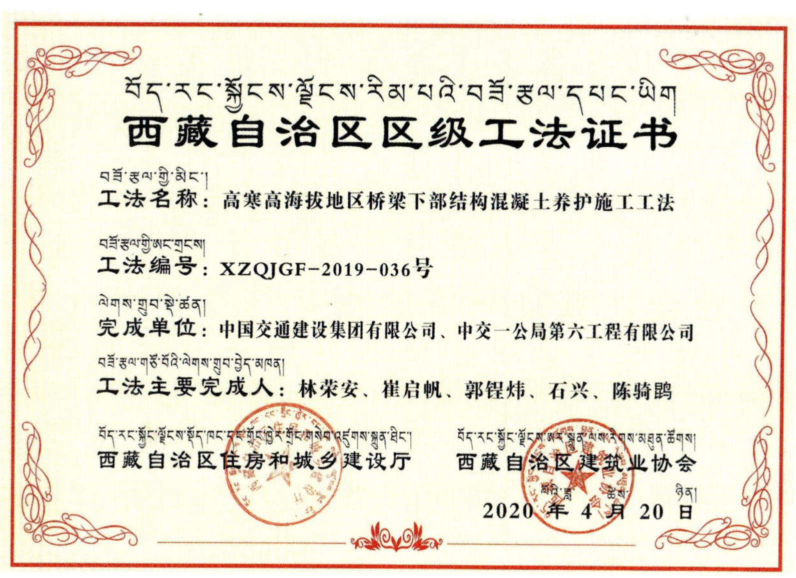

西藏自治区区级工法证书

工法名称：高寒高海拔地区桥梁下部结构混凝土养护施工工法

工法编号：XZQJGF-2019-036号

完成单位：中国交通建设集团有限公司、中交一公局第六工程有限公司

工法主要完成人：林荣安、崔启帆、郭锃炜、石兴、陈骑鹏

西藏自治区住房和城乡建设厅　　西藏自治区建筑业协会

2020 年 4 月 20 日

图 4-2-2　西藏自治区区级工法证书

变形的控制技术、新老路基结合部的处治技术、差异沉降控制技术等。

二、二标段科技攻关内容

（一）电热模板的应用

由于项目地处高寒高海拔地区，冬季进行桥梁下部结构施工养护时，若采用传统的蓄热法或暖棚法，不仅花费大，而且养护效果不易保证。二标段采用电加热钢模板为浇筑混凝土提供了良好的温度环境，使得混凝土水化可以正常进行，强度可以快速增长。

（二）混凝土硬路肩滑模施工

积极采用“四新”技术进行施工，在混凝土硬路肩施工中采用全自动滑模机进行作业，并采用能随机活动的模板代替人工支固定模板的施工方式，大大节省了人力物力，同时提高施工速度，每天可实现 200 米的工作量。

（三）干法直投式 SBS 改性沥青技术路面施工

“干法直投式 SBS 改性沥青技术”规避了湿法改性沥青长时间储存和运输的工序，因此避开了 SBS 改性沥青的热力学不稳定问题，不会出现 SBS 改性剂在使用前发生性能衰减和变异的情况。在 SBS 改性剂达到最佳状态后立即摊铺混合料，而不是在性能衰减过程中被动使用，这是“干法直投式 SBS 改性技术”相比湿法改性最主要的技术优势。

图 4-2-3　硬化路肩滑模施工

（四）大直径钢筋直螺纹连接技术

在钻孔桩钢筋笼加工中应用大直径钢筋（ϕ25毫米及以上）直螺纹连接技术，发挥了直螺纹连接接头本身强度高、加工效率高、质量易保证的优势；钢筋笼接长无明火作业、方便快捷。

（五）钢筋笼滚焊成型技术

在桥梁桩基、墩柱钢筋笼加工中应用钢筋笼滚焊成型技术，使得钢筋笼焊接质量提高、“烧筋”现象减少；钢筋间距控制较好，成型精度高，两节钢筋笼拼接偏差小；钢筋笼加工自动化程度高，劳动力使用更省，生产效率高。

（六）草皮剥离与保护

施工便道、取弃土场、路基清表中，运用草皮剥离与养护技术对原有多年生植被进行移植保护，后期便可通过原有草皮移植快速形成临时用地或边坡植被覆盖。该技术对于草皮的保护存活率可达70%以上，可满足边坡绿化，临时用地、取弃土场恢复需求。由于本土植物对当地气候环境适应性强，移植后形成的植物防护耐久性好，降低了公路运营期养护工人修复边坡和清理碎落物的劳动强度，同时可节省修复材料，使运营维护成本总体降低，符合以人为本、可持续发展的建设理念。

（七）路肩现浇层滑模施工工艺

使用滑模机滑模现浇土路肩硬化封闭层混凝土，可使浇筑后的表面平顺，接缝少，整体性好；由于主要为机械化施工，施工效率高，劳动强度降低，有利于高原施工人员的职业健康保障。

（八）防裂基布摊铺机应用

使用摊铺机进行路面防裂基布摊铺，具有各幅防裂基布层搭接平顺、施工效率高的优势；同时，由于依靠机械化施工，劳动强度降低，有利于高原施工人员的职业健康保障。

（九）使用液压夯实机进行台背回填

使用液压夯实机进行桥涵台背回填补强，可减少后续沉降；在台背回填压实度检测中，压实度合格率明显提升，特别是在大型压路机不能碾压到的边角部位有显著效果。

（十）使用冲击碾对高填方路段进行碾压补强

在高填方路段使用冲击碾进行碾压补强，可提升高填方路基压实度，有效控制沉降，防止出现弯沉不满足要求的情况。

（十一）塑钢模板应用

塑钢模板具有防腐、抗水及抗化学品腐蚀的特点，有较好的力学性能和电绝缘性能；强度高，但自重轻，组装及拆卸简单、灵活，可由人工轻松搬运；可循环使用，符合国家政策导向。在涵洞、桥梁、路基防护等混凝土模筑施工中应用塑钢模板，施工现场无大量铁钉、铁线和高危机具，可降低施工风险；可避免施工硬伤，浇筑后表面观感佳，平整度、垂直度好，可达到清水墙效果，从而省去二次处理成本。

（十二）高原季节性冻土地区低填浅挖路基病害防止处理措施研究

1. 研究目标

该科研课题主要针对西藏“高海拔”“严寒冻融”等地域背景下低填浅挖路基进行研究，旨在解决工程实际问题，长远来看研究成果可推广应用于同类环境条件下路基的施工。

2. 主要研究内容

针对项目实际工程中存在的亟待解决的问题，进行以下四项专题研究，形成配套技术成果：既有G109线路基沉陷病害调查分析研究；路基填料抗冻性分析研究；项目路基冻融环境因素分析研究；“两布一膜”应用效果分析及施工技术研究。

图4-2-4　原生草皮移植后得到快速恢复

图 4-2-5　涵背回填压实度检测

3. 主要成果

通过该课题的研究，发表了论文《复合土工膜处治高寒低填路基病害的研究》，形成了《复合土工膜施工总结》，取得了专利“一种适用于高海拔季冻区低填浅挖路基的防冻隔水层”。

（十三）塑钢模板在混凝土工程中的设计及施工技术研究

1. 研究目标

通过理论分析结合现场实施的方法，总结出一套塑钢模板在工程中的设计及施工应用技术，为项目在选取合适的模板、提升混凝土外观质量、加快施工进度及减少施工成本方面提供理论依据和实践指导。

2. 主要研究内容

主要研究内容包括：对塑钢模板制作原材料进行调查分析，明确材料的技术指标，为模板选取提供理论依据；建立模板模型，进行计算分析，为模板的设计及应用提供依据；对塑钢模板的安拆及加固施工工艺进行重点研究，并对比各种传统模板的优劣性，从人工、机械、应用效果、维护和修复等方面统计研究；对塑钢模板整体应用过程的节能环保、回收利用技术进行研究。

3. 主要成果

通过研究，发表了论文《塑钢模板在西藏地区的应用技术及经济效益分析》，形成了《塑钢模板在工程施工中的应用施工总结》，获批了工法“塑钢模板应用在混凝土箱涵中的施工工法”，取得了专利“一种快速拼接加固的塑钢模板”。

第五篇　环境保护篇

概　述

国道109线那曲至拉萨公路改建工程那曲至羊八井段通过了严格的环境影响综合分析，不会对生态系统的稳定性和完整性造成破坏；建设过程中对环、水保工作进行了统一部署，建立了系统的管理及监控制度，责任逐级细化、落实到人；对施工便道、路基骨架护坡、取土场、梁场等的生态恢复提前规划、部署，成效优异；达到了建设“规范化管理、新理念设计、环保型施工、全优良品质”的典型示范工程的目标。

第一章 沿线环境特点综述

国道 109 线那曲至拉萨公路改建工程那曲至羊八井段环保工作重点范围位于西藏自治区当雄县境内，该区域主要环境特点是地势高，冰川地貌发育，山前形成冰碛丘陵及冰水洪积平原。根据地貌类型和形成的地质作用，可将拟建路线通过区域的地貌划分为高平原地貌、高原低矮山丘地貌和高山地貌三大类型。高平原地貌又可分为河流侵蚀堆积平原地貌、山前冰水洪积平原地貌两种类型，高原低矮山丘地貌也可分为构造剥蚀低矮山丘地貌和冰碛丘陵地貌，高山地貌可分为构造侵蚀高山地貌和冰缘构造侵蚀高山地貌两种类型。沿线占地类型主要为荒地、草原、山地，公路建设虽然将对相应的农业生态系统和畜牧生态系统造成一定程度的影响，但不会对系统的稳定性和完整性造成破坏。

当雄县气候的主要特点为冬季寒冷干燥，昼夜温差大；夏季温暖湿润，雨热同期；干湿季分明，天气变化大。年均温度 1.3℃，年均降水量 456.8 毫米，年均蒸发量 1725.7 毫米，年均日照时数 2880.9 小时，年均太阳辐射总量 187.9 千卡 / 平方厘米，年均 0℃以上积温为 1800℃，无霜期仅 62 天，牧草生长期仅 90—120 天。地表温度平均为 5.9℃，从 11 月至翌年 3 月有三个多月的土地冻结期，全年 8 级以上风力天数平均达 17.8 天，多发生在 12 月至翌年 3 月之间。大雪、冰雹、霜冻、干旱、大风等自然灾害频繁。

西藏的生态建设与环境保护作为西藏现代化建设的一项重要内容，与经济发展、社会进步、人民生活水平的提高同步推进，取得了重大成就。为把国道 109 线那曲至拉萨公路改建工程那曲至羊八井段建设成为一条“理念新、质量优、环境美、特色强”的一流高速公路，实现建设“规范化管理、新理念设计、环保型施工、全优良品质”的典型示范工程的目标，充分体现以人为本，坚持全面、协调、可持续的新发展观，落实“不破坏就是最大的保护”理念，那羊高速的建设综合考虑沿线社会、经济、环境要求，自开工即对环、水保进行统一部署，结合日常工程施工环境管理，建立健全各项环、水保管理及监控制度，实现环、水保责任层层分解、责任到人，努力提高施工中环境管理的效能，按工期进度逐步开展各项管理工作，认真剖析存在的问题，扎实落实总体施工的各项环保要求，取得了优异的成果，实现了公路与自然、社会及其他人工系统的整体协调和全面发展。

第二章　环境影响综合分析

一、对生物环境可能的影响

国道109线那曲至拉萨公路改建工程那曲至羊八井段项目的建设会使沿线地区的生态环境发生一定的变化，主要表现在公路改线和拓宽取直会占用土地，从而减少了当地的耕地总量和植被数量，对当地牧业生态造成影响；修建公路需取土填筑路堤，开挖岗丘形成路堑，必将破坏原有植被，影响动物栖息环境，破坏土体的自然平衡，引起斜坡失稳、水土流失；施工机械的使用及大量的开挖取土破坏了土体原有的自然结构和水的循环路径，相应地改变了生物的生存环境，影响其生长、活动的规律；汽车废气、噪声、有害物质的产生，会使生物栖息的生态环境逐渐恶化，引起生物种群数量减少（特别是珍稀物种），有时可能会影响整个生物群落。

二、对社会环境可能的影响

公路建设必然会给沿线的社会经济环境带来一定的影响。

（一）不利影响

公路建设会造成一定数量居民的拆迁，改变了他们对生产资料的占有数量，影响到沿线居民的生活。公路建成后会增大沿线的交通量，增加该地区的交通事故，在一定程度上干扰附近居民的出行。

（二）有利影响

公路建成后，改善了沿线的交通运输条件，加快了城乡贸易流通和旅游事业的发展，从而促进了人民生活水平的提高。

公路建成后，将带动沿线诸多产业的发展，特别是资源的开发利用，由此为社会提供大量的就业机会。

青藏公路是一条是政治、国防、经济的“生命通道”，该通道内有国道109线、青藏铁路、格尔木—拉萨输油管道，承担了整个西藏自治区90%以上的客货运总量。国道109线那曲至拉萨公路改建工程那曲至羊八井段项目与既有G109线形成了高速公路、普通国道两个层次，互相支撑、互相补充，与青藏铁路、格尔木—拉萨输油管道共同构建青藏综合运输通道，显著提升青藏通道的综合运输能力，对于推进西藏跨越式发展具有极为重要的意义。

三、对环境质量可能的影响

（一）对水环境可能的影响

公路施工期和运营期会产生各种生产及生活污水，如不加以处理会造成对项目沿线水体的污染。

施工期可能产生的水污染有：施工机械跑、冒、滴、漏的污油及露天机械被雨水等冲刷后产生一定量的油污水造成的污染；桥梁施工产生的泥渣、施工机械漏油、施工泥浆、施工人员的生活污水和生活废物、施工物料和化学品受雨水冲刷入河将影响水质；现场施工人员居住区产生的生活污水造成的污染。

运营期间可能产生的水污染有：降雨冲刷路面产生的道路径流污水排入河流造成水体污染；装载危险品的车辆因交通事故泄漏、滴漏或翻入河流后产生严重的水污染。

铅尘落水对水体的污染（其污染途径有两种：一种是地面径流随雨水排入水体，这种途径水中铅的平均浓度很小，基本上可认为不产生影响；另一种是由空气落入水中引起，这种途径的影响虽然也较小，但随着车流量的增加，落入水中的量也会增多）。

（二）对声环境可能的影响

公路在施工期间和运营期间，对周围的声环境的影响表现为：施工期间，作业机械品种较多，如路基、路面、桥梁施工机械，都属于突发性非稳噪声源，将对附近的学校、医院、居民的良好声环境产生影响；筑路材料的运输中，运输车辆产生的高噪声将影响沿线人群的正常生活；运营期间，汽车车体的振动、发动机运转、轮胎与路面摩擦、鸣喇叭等均会产生噪声，在公路沿线形成一条噪声带，对附近的人群产生心理和生理上的影响，降低了人们的工作效率。

（三）对空气环境可能的影响

公路施工过程中对环境空气可能的影响有：施工中粉状物料的装卸、运输、搅拌过程中有大量的粉尘散逸到周围的大气中引起空气污染；施工中运送物料的汽车引起道路扬尘污染，物料堆放期间由于风吹等引起扬尘污染；运输车辆、内燃机械等施工机械的运行会产生尾气，造成大气污染。

公路运营过程中对环境空气可能的影响有：机动车尾气排放的污染，营运车辆排出大量的烟尘，使空气中悬浮微粒增多，导致大气质量下降；公路上行驶的汽车的轮胎接触路面而使路面积尘扬起，从而产生二次扬尘污染；运送散装含尘物料时，由于洒落、风吹等原因使物料产生二次扬尘污染。

第三章　环境保护具体措施及成效

一、总体要求

严格遵守国家有关法律法规。

严格执行国道 109 线那曲至拉萨公路改建工程（那曲至羊八井段）合同文件，自觉按合同履约。

设立环境保护（水土保持）监察小组，以监督检查环境保护（水土保持）状况。

开展环保、水保教育，设立环境告示牌，公布举报电话，自觉接受社会各界的监督。

严格按照合同文件、设计文件说明中明确及发包人提出的环保、水保措施要求组织生产、生活，并以此为依据严格要求全体职工和临时工。

在规定的期限内切实落实发包人、监理所提出的环境整改要求。

杜绝承包人及其职工、临时工指使他人参与、包庇他人捕杀野生动物的犯罪行为。积极向司法部门检举揭发内部及其他违法犯罪行为。

严格按照环境影响报告书和水土保持方案报告书中的相关规定施工。

公路设计选线时，坚持环保选线原则，最大限度地保护生态环境；尽量避免进入基本农田保护区；同时充分结合拉萨市、那曲市及沿线城镇总体规划，遵循“靠而不进，离而不远”的原则，与城镇总体规划相协调，并尽量避开水库、村镇、文物古迹等环保敏感点。

对于平原及微丘路段，尽可能降低路基高度。对于低路基采用缓边坡设计；山区路段尽量避免高填深挖，宜桥则桥，宜隧则隧，使公路与沿线自然环境相协调。

对于高寒草甸，尽可能地进行绕避，减少对高寒草甸的占地；无法避让的情况下采取相应的环境保护措施，尤其是临时用地；施工完成后做好生态恢复。

二、取弃土场环保

（一）取弃土场选址

取弃土场的选址基于集中取料、弃渣进行考虑，同时考虑尽量节约耕地，利用荒地，不在水源保护区、自然保护区、风景名胜区和重要湿地、林地等环境敏感区域设置取土场。推荐线取土场共设计有7处，初设对弃土场位置和容量进行大量踏勘和协调，征求地方政府、村民、牧民和市一级环保、国土资源等部门的意见，对不符合要求的取土场进行重新选址。在取弃土场场址上预留表土临时堆放场，以节约土地资源并进行综合利用。为防止水土流失，保护生态环境，在取弃土场周围设置护坡防护，妥善设置排水设施，并对其取弃土完毕后的植被和原占地功能的恢复进行专项设计。

施工中严格按照设计或监理人、发包人对取土场、料场、弃土坑和相应便道的指定进行取土、取样、弃渣。取土取料时先将原有表土及植被分割划块铲起并妥为存放，待取土取料结束后再恢复原植被。建筑垃圾和生活垃圾堆放在指定地点，且不阻塞河道或侵占湖泊、湿地、自然保护区等，必要时采取平整、覆盖、设置冲刷防护工程的措施，以避免水土流失、污染环境。

取弃土完成后，采取生物和工程措施，做好取弃土场等施工用地的场地平整和生态恢复。对占用耕地的弃土场，表层加盖30厘米厚的种植土，进行复垦；荒山坡地段进行植被恢复。

（二）取弃土场水土保持设计

取土场占地类型为退化草场山地，项目完成后，对取土场坡面和平台回覆表土，对坡面采取绿化进行植被恢复，对平台采取撒播混合草籽的形式进行植被恢复。

设计中采取的具体措施如下：

取土场设置了截、排水沟。急流槽等具有水保功能的设施，截、排水沟在施工期间及施工完成后两个阶段采取“永临结合”的方式进行环境保护。

取土前将表土剥离，统一堆放在安全地带，施加临时防护措施，以备植被恢复时使用。剥离表土部分计入主体工程清表。取土完毕后进行平整并回填表土（回填厚度与剥离厚度保持一致），交由当地管理，能达到复耕条件的交由当地群众复耕。

植物措施方面，取土结束后对坡面采用植物纤维毯进行植被恢复，对平台采取撒播混合草籽的形式进行植被恢复。种子的选择要求是成熟好、籽粒饱满、生命力强、无病虫害和无霉变的新种子，披碱草与冷地早熟禾的草籽混播比例为4∶1，混播草籽密度为150千克/公顷。

三、路线环保

建设会对公路沿线较近的自然景观产生一定的影响，对较远的自然景观不会产生大的影响；对自然生态环境产生的影响主要表现为施工造成的水土流失以及工程占地对土地利用、工农业生产、野生动植物、生态景观等造成的影响。各专业环保设计均力求与原有自然景观融为一体，防治结合，减少水土流失；对草皮进行保留，减少植被破坏，保护自然环境。

路基防护设计中贯彻绿色环保理念，在充分考虑边坡稳定的前提下，以植物生态防护为主，工程防护为辅，采用工程防护和植物防护相结合的原则，确保路基稳定且与生态环境相协调。

（一）路线设计

路线设计中坚持环保选线，最大限度地保护生态环境。线位尽量靠近既有线路布设，以减少污染带，减少对生态与景观的破坏；尽量减少挖方段落，减少对植被的破坏。

（二）路基路面设计

路基路面设计中充分考虑取弃土场水土保持、路基路面排水设计与原有水系相协调；边坡设计中尽量减少和避免高填深挖造成的植被破坏，防护尽量减少采用圬工，多采用植草绿化。

（三）桥涵设计

桥涵布设时尽量配合环境保护的要求，特别注重桥型设计与周围自然景观相协

图 5-3-1 桥型设计与自然环境相协调

调，设计中尽量减少对自然环境的破坏。另外，桥涵设计中充分考虑牧民出行及牦牛等牲畜迁徙问题，以合理间距设置通道，体现人性化设计理念。

（四）环境保护与景观设计

环境景观设计中，根据不同路段的自然环境选择适宜的植被，保护项目区生态环境，使整个公路工程与周围环境相协调。

青藏高原的原生草皮是非常珍贵的自然资源，应充分加以利用，例如将草皮移植，用于路基边坡绿化、取弃土场绿化恢复及景观绿化等。

四、临建工程环保

（一）驻地污水及垃圾处理

工地库房、作业工棚、职工宿舍错落有致，材料分门别类堆放，标志标牌醒目齐全。同一场地、同一类型的工棚采取同一结构型式搭设。砖房应粉刷外墙，钢支架房顶部宜用彩钢板或玻璃钢板顶棚。平面布置合理，场地硬化整洁。

办公室干净、卫生、物品摆放整齐。职工宿舍做到通风、明亮、保暖、隔热，采用砖铺或水泥砂浆地面。

职工食堂干净、卫生，锅台用瓷砖或马赛克贴面。食堂工作人员均持有健康合格证，穿戴工作服、帽。食物容器上有生熟标记，餐具经过严格消毒。食堂内设置防蝇、防鼠措施，职工饮水桶加盖加锁。

厕所有专人管理，生活垃圾处理及时；有条件的工地设立职工浴室和诊所。

污水排放方案报监理工程师批准。

设置沉淀池处理污水，使之达到排放标准。

厕所污水通过集中独立管道进入化粪池。化粪池定期清理。

在生活区和办公生产区分别设置专用垃圾桶、垃圾箱，并及时对垃圾桶、垃圾箱进行清理。

（二）拌和站文明施工要求

合理设置废水沉淀池和洗车池，对进入车辆进行清洗，对废水、废油及生活污水进行处理后再排放。

定期、专人进行拌和站的清理和打扫，保持拌和站内卫生；对拌和站内的粉尘源进行覆盖遮挡。每次混凝土拌和作业完成后，及时清洗机具，清理现场，恢复场地整洁。

图 5-3-2　二标一分部梁厂

邻近居民区施工产生的噪声不大于现行的《建筑施工场界环境噪声排放标准》（GB 12523—2011）的规定。

水泥、粉煤灰等材料罐的预留通气孔应设有降尘措施；进料时，注意材料罐顶的密封性能，在粉尘较大时暂时停止上料，待处理完毕后再继续。

拌和站宣传标识、标牌保持整洁醒目。损坏的标识、标牌及时更换。

水泥混凝土、沥青混合料、各类稳定土等各类拌和场、预制场的场内地面均进行硬化，达到“三通”“一平”“一硬”。现场材料应分隔堆放，防止各种材料相互混淆。为水泥、钢材、木材等建筑材料设置防雨设施和隔潮设施，如雨棚、简易房屋等。

施工现场内道路及排水畅通。

及时将生产过程中产生的建筑垃圾清运到指定地点，保证施工现场整齐、干净、卫生。

严格按照公安、消防部门的要求设置防火设施，定期对灭火器等设施进行检查，保证防火设施的使用性能满足要求。

五、施工便道环保

（一）养护及文明施工

派专人分段养护施工便道，及时填补路面坑槽，保证便道平顺；及时恢复损坏的标志。

配备洒水车降尘，实现无扬尘目标。

及时清理排水沟和涵洞的淤泥、杂物，保证排水通畅。

集中堆放便道施工挖方废方，确保便桥施工不污染水源。严禁侵占河道、破坏植被。

（二）公路工程建设项目便道管理要求

项目便道管理实行管养责任制，建立便道管养和保障通行的责任体系。建设单位项目负责人是便道管养的第一责任人。施工单位或独立的便道养护单位负责人是便道管养的责任人，对其承建标段的便道管养和保障通行工作负责。

工程开工前，根据有关要求首先完成临时便道、便桥（涵）及其他交通安全设施等工程。

便道、便桥（涵）临时工程以满足社会运输车辆的正常、安全运营为标准进行施工，完成后经项目指挥部会同监理单位检查验收并设置指路标志、警告标志、禁令等交通安全标志后再放行社会车辆。

便道施工中注意保护周围环境，防止水土流失。在建设临时用地之外，未经批准不得破坏树木、草场、耕地、水渠、文物等，不得擅自移动电力、电信设施等。

施工单位经常对所设便桥（涵）进行检查、养护，以保证排水及泄洪畅通。

在施工过程中还应做到：

在施工路段的两端设置显示“正在施工”的警告标志，确保标志准确、醒目、齐全，根据开挖宽度、路线等级、交通量大小等情况确定标志与施工路段的距离；对便道、便桥（涵）通车路段加强日常养护，做到路面平整、无坑槽、路拱适度、不积水；对干燥路段经常洒水养护、控制扬尘；对泥泞路段及时进行换填或采取其他根治措施；半幅通车路段，在车辆驶出（入）前方设置指示方向和提示减速慢行的标志，同时在作业区的两端设置明显的标志；在居民点或公共场所附近开挖沟槽时，设置安全、可靠的护栏，搭设跳板供行人通过；在原地拆除旧桥（涵），重建新桥（涵）时，先建好通车便桥（涵）。在旧桥的两端设置标志，夜间在路栏上悬挂警示灯，并在路肩上树立通向便桥或渡口的指示标志。

施工便道（包括自建的临时道路和因施工需要而通行的原有道路，其中临时道路应铺设低级以上路面）。确保施工便道养护到位，晴雨通车；经常对其进行清扫、洒水，防止其尘土飞扬，影响当地群众正常生活、生产活动。

（三）施工便道水土保持设计

在施工便道施工前将表土剥离、统一堆放在安全地带，剥离厚度一般为旱地、草场山地30厘米，荒地30厘米。在施工结束后，除部分便道纳入地方路网、交由当地相关单位管护外，其余的通过撒播混合草籽的形式进行植被恢复。种子的选择要求是成熟好、籽粒饱满、生命力强、无病虫害和无霉变的新种子，披碱草：冷地早熟禾混播草籽比例为4∶1，混播草籽密度为150千克/公顷。项目完工后，能达到复耕条件的便道交由当地群众复耕。

六、噪声影响管理

公路施工期噪声主要来源于施工机械和运输车辆辐射的噪声。

施工期中，对距离公路较近的敏感点，根据实际情况其附近路段设置临时声屏障等降噪措施。

施工材料拌和场、构件制备场地应远离环境保护目标，与居民点、学校等敏感点的距离应大于300米。在路线近距内有集中村镇居民区的路段，强噪声施工机械（装载机、振捣器等）夜间（22时至次日6时）停止施工作业，确需连续作业时向当地环保部门申报。

合理安排施工活动，尽量缩短工期，减少施工噪声影响时间，避免强噪声施工机械在同一区域内同时使用。

施工中注意选用效率高、噪声低的机械，并注意对机械的正确操作及维修，使之维持最佳工作状态和最低声级水平。

按劳动卫生标准保护施工人员的身心健康。施工单位合理安排工作人员轮换操作筑路机械，或穿插安排高噪声和低噪声的工作，给工人以恢复听力的时间。同时，往意保护机械，合理操作，尽量使筑路机械维持低声量级水平。严格要求工人操作时戴好耳罩和头盔。

七、施工期水环境污染防治

（一）生活污水处理措施

在施工营地附近设化粪池来处理生活污水。处理后的粪便用于施肥。施工结束后将化粪池覆土掩埋。严禁生活污水排入沿线河流及其支流。

（二）生产污水处理措施

1. 污水排放管理

严禁将施工生产污水排入沿线河流及其支流。

2. 施工泥浆处理

在施工场地设置防渗沉淀池。桥梁下部结构施工所产生的泥浆经沉淀池沉淀处理后，底部残渣与钻渣外运至弃渣场填埋，严禁弃入工程沿线河道。施工结束后对沉淀池进行清理、掩埋、平整。

3. 施工废油处理

统一设置废油收集桶和废油收集桶暂存场地。废油收集桶暂存场地设置挡雨设施，地面进行硬化处理，场地四周设置围网和不与外界水体相连的雨水收集沟。施工营地所产生的废油经统一收集后，定期交由具备危险废物处理资质的单位外运处理。

4. 桥梁建设中的水环境保护措施

加强环境管理，防止对河道堤坝等防护设施造成破坏。不在距河流水体200米范围内设置拌和站等临时占地，施工区内不露天堆放沥青、油料、化学品等含有毒物质的材料。桥梁施工中严防漏油、化学品洒落水体。严禁将桥梁基础施工挖出的泥渣弃入河道或河滩，避免影响河道行洪功能。合理安排跨河桥梁施工时间。桥梁下部结构安排在枯水期进行施工，涉水施工前先设置钢套筒围堰，施工过程中产生的泥浆和钻渣全部运至该河段汇水范围以外的弃渣场弃置。

八、现场环保管控成效

图 5-3-3 防渗沉淀池

取土场、砂石料场审批手续齐全，与村组签订协议，并上报备案。

严格落实国家及指挥部相关环、水保文件，坚持文明施工的原则。所有施工现场均配备了垃圾桶，对现场垃圾进行集中处理，避免环境污染。路基清表草皮全部集中堆放，并用绿网进行覆盖，安排人员定期进行洒水养生。桩基施工中，使用自卸车将桩孔钻渣运输到指定弃渣场。泥浆池内部用彩条布进行铺垫，灌桩采用“灌无忧”设备，有效地避免了混凝土超方造成的环境污染。施工便道设立环保桩，并安装防护栏进行封闭，防止车辆随意行驶碾压草地。在国道与施工便道交叉路口处进行施工便道硬化处理，并制定便道洒水及国道清洗管理制度，严格按制度要求每天对便道洒水降尘，对国道污染进行清洗。

配备砂石分离机，用于混凝土搅拌车清洗产生的废弃混凝土、砂的分离、回收再利用。使用该装置可以实现砂、石全自动分离和清洗，保证砂、石的再利用，废水通过三级沉淀池沉淀后抽入回收机，全面实现污水零排放。由此，既能完全解决废弃物的污染问题，又能节约资源。

采用“灌无忧”设备，在使用前对混凝土进行标定，桩基钢筋笼安装就位后，根据桩顶标高和超灌高度，采用绑扎条将设备传感器牢固固定在钢筋笼上；桩基混凝土浇筑过程中，混凝土浇筑至绑扎高度时，设备开始报警并闪烁红灯。应用该设备可在水下浇筑混凝土时有效控制混凝土的浇筑高度，避免桩基超灌厚度过高；并有效控制混凝土的浇筑质量，避免桩顶出现浮浆，有效节约混凝土，减少环境污染。

第四章　生态恢复情况

一、施工便道

在施工前将表土剥离，统一堆放在安全地带，剥离厚度一般为30厘米。便道恢复方式为撒播混合草籽进行植被恢复。

二、路基骨架护坡

将草皮移植，用于路基边坡绿化、取弃土场绿化恢复及景观绿化等。先将切割的草皮运至弃土场存放，后期再运至路基骨架边坡。

三、取土场

图5-4-1　取土场恢复

使用完毕刷坡缓于1∶2，高度大于6米时留2米平台分级，骨架护坡，坡面贴草皮或覆盖表土、腐土，底部平台整平场地覆土后绿化。

四、梁场

使用完毕后，按照先拆除后复垦的方案，首先拆除地面建筑物、设备及工装设备，然后清除硬化的地面混凝土，而后平整、翻垦表层回填耕作土，并撒播草籽，完成复垦。

第六篇 人物篇

概 述

在世界屋脊极其艰苦的条件下，一代又一代交通人不懈奋斗，创造了一个又一个世界公路史上的奇迹，形成和发扬了“一不怕苦、二不怕死，顽强拼搏、甘当路石，军民一家、民族团结”的“两路”精神。在国道 109 线那曲至拉萨公路改建工程那曲至羊八井段的建设中，新时代的交通人传承红色基因，勇挑重担，克服种种困难，确保工程质量、加快工程进度、保证施工安全；积极创新，攻克技术难关，为高原天路插上科技的翅膀；倾心服务地方群众，帮助群众增收；厉行环保，为构筑国家生态安全屏障添砖加瓦。

一标项目部 岳庭庭

图 6-1 岳庭庭

岳庭庭，男，汉族，34 岁，山西洪洞人。2018 年 4 月开始参与国道 109 线那曲至拉萨公路改建工程那曲至羊八井段第一标段工程建设，担任项目总工程师、副经理。

那羊一标段是全线施工环境最为恶劣的一个标段，项目地处藏北高原，施工环境复杂，高寒缺氧、风沙较大，平均海拔 4500 米以上，最大冻深 2.98 米，常年风级最大达到 9 级，平均气温 0℃左右，太阳辐射强烈，昼夜温差较大，年施工有效天数较少。面对如此恶劣的自然环境，他带领大家克服各种困难，仍然出色地完成了任务。

在项目前期，他带领项目部各业务部门通过测算各工点工程量，结合设计文件、项目场站布局，确定最优运距，并与那羊指挥部、那曲市高速公路协调办公室一同对全线的用地、取弃土场、砂石料场等进行选址，并在 15 个工作日完成了全线 90% 的场站、料场等工点的用地手续。

在项目实施过程中为了节约项目成本，配合指挥部完成了罗玛温泉的改线设计施工变更，为项目节约投资成本 2200 万余元；为保护那曲市水资源，配合指挥部完成了那曲河水资源保护区的施工变更，并现场指导完成了世界上海拔最高的现浇连续梁施工；利用蒸汽养生、优化混凝土施工配合比、规范施工流程等，杜绝了因高原缺氧、昼夜温差较大造成的预制梁养护质量问题。

那羊一标施工涉及路外单位较多，与青藏铁路上跨、下穿各一处，临近多处。青藏铁路属于国铁一级线路，铁路施工协调难度大，既要确保青藏铁路运营安全，还要不影响项目施工进度。他带领各业务部门优化施工组织，多次在青藏铁路集团召开专题会议，最后克服种种困难圆满地完成了涉铁工程。同时通过优化设计方案完成了全线格拉输油管线、兰西拉光缆处、400 千伏柴拉处的施工。

在施工建设中，他还本着修一条路，带动一方经济的理念，通过项目策划、技术培训等帮助那曲市色尼区沿线 3 个乡镇完成了脱贫任务。

二标一分部　郭锃炜

图 6-2　郭锃炜

郭锃炜，2005 年参加工作，毕业于内蒙古大学土木工程专业，共产党员。在他参加工作的年头里，他历任过现场技术员、主管技术员、工区主任、质检工程师、项目经理助理、生产副经理兼副书记，在国道 109 线那曲至拉萨公路改建工程那曲至羊八井段项目中任二标一分部项目经理。他为人正直、有担当、能干事，广受职工爱戴，深受领导信任。2019 年，他负责的项目被西藏那曲市人民政府授予“2019 年度色尼区经济社会发展贡献先进集体”，他被西藏交通建改公司评为优秀个人并予以表彰。

政治素质优

郭锃炜平时注重加强理论学习，提高党性修养。他处处以身作则，凡是要求员工做到的，自己首先做到。为了赶工期，他放弃了所有的假期。家中的妻儿对他思念，只能不远千里来到海拔 4700 米的项目上和他团聚。而在团聚期间，郭锃炜对妻儿严格要求，不拿项目一针一线，吃喝自掏腰包。正是他的所作所为带动了班子，感染了员工，使项目上下形成了敬业奉献、弘扬正气的良好风尚。

岗位技能优

“干工作，干好了是本分，干不好就是失职”，这是郭锃炜时常挂在嘴边的一句话，浸透着一名年轻的共产党员和优秀管理人员的责任和担当。他从技术员到项目经理，始终坚守在生产一线。工地上有一点儿问题，他都第一时间赶赴现场解决。他参加的“启明星”QC 小组、“实践”QC 小组研究的《提高沥青混凝土路面平整度合格率》获得重庆市 2014 年度 QC 成果一等奖，《提高浇注式沥青混凝土流动性合格率》《减少浇注式沥青混凝土摊铺时表面气泡产生率》《提高大跨径斜拉桥钢桥面喷砂除锈质量合格率》等获得重庆市 2014 年度 QC 成果二等奖；参建的永川长江大桥荣获“鲁班奖”；在国道 109 线那曲至拉萨公路改建工程那曲至羊八井段二标一分部短短几个月时间，《高寒高海拔地区桥梁下部结构混凝土养护施工工法》获得西藏自治区区级工法证书，《高寒地区桥梁下部结构冬季施工技术创新》获得天津市 2020 年度 QC 成果一等奖，《提升高寒草甸区草皮移植成活率》获得天津市 2020 年度 QC 成果三等奖。

工作业绩优

郭锃炜所在项目地处西藏那曲市，项目海拔 4700 米，空气含氧量仅为海平面的一半，年平均气温 -2.1℃，高寒缺氧。他带领一线员工创新管理、攻坚克难，克服了人员少、条件差、生产任务重等不利因素，以“缺氧不缺精神，海拔高境界更高”的精神为动力，全线第一个进行了路基交验工作，全线第一个进行了水稳底基层首件工程施工，全线第一个进行了沥青稳定碎石上基层试验段施工。2019 年在短短 6 个月的有效施工期内完成了施工产值 10 亿元。他主张使用电热模板进行冬季施工养护，累计节约费用 139 万元，并且加快了模板周转效率，比原定计划提前 25 天完成施工任务。新冠肺炎疫情下，郭锃炜还在冬休期就提前赶赴项目，组织布置疫情防控及复工复产工作，使项目施工进度并没有因为疫情而受到影响，按照计划有序推进。该项

图 6-3　二标一分部水稳底基层首件施工

图 6-4　项目部向古露小学捐赠物资

目从未发生过一例安全质量问题。西藏交通运输厅领导、业主领导到该标段视察指导工作时，均给予该标段充分的肯定和一致赞扬。

群众评价优

郭锃炜尊重技术与人才，为人随和，从不摆架子，总是耐心地向年轻员工传授他的知识、他的经验；通过言传身教，率先垂范，不断营造良好的技术氛围。他经常鼓舞员工、带动员工、激励员工、引导员工投身到“学业务、比技能、强素质、练本领”的热潮中去，善于提高员工士气，积极推动一线高技能人才队伍建设，努力为建设一流企业搭建提升素质、培养人才的平台。施工中的一项项技术难题，是他通过一个个不眠夜研究、学习，创新出解决方案，不但从根本上予以解决，而且极大地激励了员工的工作积极性，赢得了一项又一项的荣誉。员工们为有这样的领导都撸起袖子加油干。七一举办红歌比赛，严寒给当地居民送温暖，逢年过节给施工协作队伍送慰问、给当地古露小学捐赠物资，帮扶当地运输车辆，解决当地农牧民就业问题……通过这些活动，加大劳动关系融恰协调、困难职工帮扶力度，完善职工之家建设，促进了项目和职工共创业绩，共同维护和谐稳定。该项目多次收到当地政府和群众送的感谢锦旗。

15 年来，他将青春最美好的时光都奉献给了公路事业；他的心中，对技术和管理水平的追求永不止步，对祖国交通事业的追求永无止境！他的言行在平凡的管理岗位上创造了不平凡的业绩，在全体员工中树起了好的榜样。

二标二分部 于洪国

于洪国，男，共产党员，中交路桥建设有限公司高级工程师；2003 年 7 月毕业于内蒙古交通大学，2018 年 5 月起担任国道 109 线那曲至拉萨公路改建工程那曲至羊八井段第二标段二分部项目经理。

图 6-5 于洪国

该项目工程所在地平均海拔 4600 米，高寒缺氧，施工环境恶劣。带领团队克服高寒缺氧冲向施工一线，对于初到西藏的于洪国是一个巨大的考验，然而他说："在高原雪域修建一条高质量的高速公路对我来说是一个挑战，但更是难得的机遇。"

攻坚克难，超前完成任务

项目所在区域海拔高，造成参建人员及机械在缺氧的环境下，都不能发挥最大的效率；季节性冻融显著，年雨季施工期长，全年有效施工时间短；高寒缺氧造成草皮移植难度大；项目主线涉及"三电改迁"，工期紧、任务重；主线横穿青藏铁路主干线，面对一系列施工难题，于洪国顶着前所未有的压力迎难而上。

2018 年，在于洪国的带领下，二标段二分部仅仅用了 4 个多月的时间便完成了主线路基土石方、涵洞、桥梁桩基施工，超前完成指挥部下达的 2018 年全部施工任务，率先实现全线路基转序工作。在 2019 年的项目建设中，于洪国依然继续发扬着不怕苦、勇吃苦、敢担当的领导作风，以高昂的工作态度，带领团队创下诸多"第一"，并取得了突出的成绩。2020 年初新冠肺炎疫情期间，于洪国严格执行各项疫情防控措施，并合理组织人员进场，同时克服因施工牵涉铁路带来的各种困难，利用短短 3 个月时间顺利实现主线下穿铁路全线贯通，实现了项目通车。

重视科技创新，应用“四新”技术

项目所在区域气候环境恶劣，施工效率低，质量管控难度大。于洪国带领团队改进钢筋笼滚焊机，采用适应高地震烈度的钢筋笼设计，在提升钢筋笼施工质量的同时降低工人劳动强度，加快了施工进度。在施工过程中，他发现使用钢模板施工功效低，而且工人的劳动强度高。他积极与领导班子探讨研究，决定引进新型塑钢模板。虽然塑钢模板成本高，但是换来了施工便捷、施工外观质量高、环保等优点，提高施工质量的同时又加快了施工进度。在水稳摊铺时，他积极推荐引进了国内领先的DT2000摊铺机，实现12米宽、36厘米厚水稳一次摊铺，提升路面整体性，减少路面开裂。他参与的多项专利和撰写的论文已在技术刊物上发表。

夯实管理，质量为先

“一岗多责，管进度就必须管质量”是于洪国常对项目管理人员说的一句话。于洪国在抢抓施工进度的同时，从未放松对质量的管控。他重视对各级技术人员的交底，他认为首先要教会大家怎么做——要是自己都不知道怎么做，还谈什么管理；每月的质量分析会，他必定准时参加，与参会人员积极讨论质量问题，并寻求解决方案。作为项目管理者，他积极推广公司的质量报检系统，每次报检系统信息都能反馈给项目领导，让质量管控更加清晰、透明，为及时发现问题、及时整改增强了保障。在繁忙的施工过程中，他坚决执行每天开早会的习惯，宣读质量管控制度，推行质量责任制，让每一位管理人员都牢固树立起质量管理意识，认识到质量管理有底线，无上限。

强化环保意识，建设美丽公路

为了响应“为构筑国家生态安全屏障、建设美丽西藏、打造国家生态文明高地提供坚强保障”的号召，于洪国把路基施工前的清表工作作为头等大事来抓。国道109线那曲至拉萨公路改建工程那曲至羊八井段项目清表不同于以往，高寒缺氧条件下生态环境极为脆弱，需要对草皮进行剥离与保护，进行二次利用。他积极研究草皮移植再利用技术，总结了一套有效的施工工艺，能够快速、有效地完成对草皮的切割与保护，同时降低草皮在施工过程的损耗、提升草皮移植成活率。

图 6-6 向当地小学赠送减速带并帮助在其门口安装

精准扶贫，建和谐地企关系

为响应西藏自治区“脱贫攻坚”的号召，于洪国积极联系当地政府开展扶贫工作，为贫困家庭提供就业岗位、租用当地农牧民大型机械参与施工生产、提高租用当地运输车辆数量。项目面向藏族同胞，每天零星用工达 210 人，工人均来自项目所在的纳龙村、郭尼村及古露格托村，直接为当地农牧民创收 230 万元；利用当地大型机械、车辆运输材料及土石方，运费累计约 3700 万元，为当地藏族同胞带来可观的经济收入。

于洪国还带领团队积极履行央企职责，积极配合项目属地政府为小学安装减速带、开展抗洪抢险工作、组织项目党员为驻地学校捐献助学物资……使项目和企业信誉、形象得到良好维护，更得到项目属地政府和群众的一致赞誉，并送来了感谢的锦旗。

二标三分部　刘润喜

国道109线那曲至拉萨公路改建工程那曲至羊八井段二标三分部项目经理刘润喜，内蒙古自治区乌兰察布人，共产党员，高级工程师；2004年参加工作，在西藏以外的其他省市参与了多个项目的建设；2014年受命援藏，拉开了个人生涯雪域高原天路建设的新篇章。

图6-7　刘润喜（前排左一）

6年的艰苦奋斗，他辗转了米林机场路、工米一标、林拉LM1标、国道109线那曲至拉萨公路改建工程那曲至羊八井段二标，完成合同额33.6亿元，展现了共产党员在艰苦环境里的责任和担当。

雪域高原开启新征程

刘润喜于2014年初上雪域高原，参建米林机场专用公路B标，也是在这一年他光荣地加入了中国共产党。在高原工作，不仅对技术实力是个考验，更对身体素质提出了挑战。

2018年，刘润喜开始担任国道109线那曲至拉萨公路改建工程那曲至羊八井段二标三分部的项目经理。职位变了，肩上的责任也更重了。受项目所处地域条件的限制，沥青路面建设所需的石料不足，而且既有供应的品质不高，直接影响了施工质量和进度。刘润喜作为党员亲自带上机料和检验人员，进入大山寻找合适的石料，带回样品进行检测，最终确定了石料厂的位置。为使生产的碎石达标，他还特意安排技术人员对碎石设备进行改造，保证了所生产的沥青面层碎石料满足施工规范要求。由于提前规划，储备了所需的10万吨碎石，尽管在2020年受到疫情的影响，施工进度有所减慢，依然取得了全线路面率先完工的好成绩，受到了西藏交通建设有限公司和项目指挥部的高度赞扬。

苦心人终见春来

刘润喜经常是晚间组织技术人员讨论，白天再针对商讨不到位的地方，跑现场、钻涵洞、找专家。由于项目所在区域海拔高达4400米，高寒缺氧，许多员工耐受不了恶劣的环境和严重的高原反应，被迫离开西藏，造成人员缺编严重。有过实验室工作经验的刘润喜亲自拎着回弹仪去检测强度。在无数次反复实验后，他终于掌握了高原环境下混凝土养生的第一手资料，保证了混凝土浇筑的强度满足要求，使项目安然度过了第一个施工季。

因材施教育良人

作为项目经理，刘润喜明白“青年兴，企业兴”的道理，非常注重人才培养。针对入职的新员工工作经验不足、思想波动大、吃苦能力差等问题，他时刻铭记企业优良传统，积极推行“传帮带”等优良传统；认真分析每个人的特点，因材施教，指派有经验的师傅一对一帮扶，且为每个人指定一名项目领导进行督导，切实解决他们工作、生活中遇到的难题。一番不懈的努力，使新员工较快融入了项目生活，甚至成了项目的骨干，为项目、企业的发展储备了人才。

他自己更是身体力行钻研技术，发表了《高原改性沥青混凝土路面施工技术研究》《高原穿越砂卵石堆积体及冲沟隧道施工技术研究》等数十篇高质量论文，负责的桃花峪项目获得了2019年度李春奖（公路交通优质工程奖）；在施工过程中积极引进先进技术和设备，如引进WCZ800S高性能水泥稳定土振动搅拌机，大幅度提高混凝土强度；引入全液压式破桩机，有效减少人工消耗、提高功效、降低风险等，为保障项目处于可控状态提供有力保障。

防疫战场践使命

2020年初，国内突发新冠肺炎疫情，刘润喜投身指挥防疫工作第一线，全面落实各项防疫措施、复工申请、备案审批，细化应急预案，拓展采购渠道，储备防疫物资，分批审批返岗，登记往返行程，设置集中隔离，为“点对点”返岗组织劳务专车，实施管理人员包保24小时值班值守、分批分餐用餐、防疫知识培训等一系列疫情防控措施。

三分部成立了抗疫党员先锋岗、青年突击队，每天指定党员干部在各工点值勤值班，带头坚守一线，逐步推进项目复工，确保抗疫、复工精准施策两不误，成为标段疫情防控与复工复产工作模范单位。

多少曲折与艰辛，多少光荣与梦想，都凝聚在这条青藏大通道上。刘润喜坚守在离家千里的岗位，用青春和实干，去完成每个艰巨任务，因业绩出色，连续两年被国道 109 线那曲至拉萨公路改建工程那曲至羊八井段项目指挥部授予“优秀项目经理”荣誉称号。他用汗水与智慧诠释了当代共产党员的风采，用满腔热血铸就雪域高原的天路，用无悔的青春谱写了美丽的人生与时代新篇章。

二标四分部　张治伟

张治伟，35岁，重庆人，工程师。2007年参加工作，先后参与京沪高铁、沪通高铁、鸭绿江大桥等项目的施工建设。2018年接受组织调动，参与援藏工作，担任国道109线那曲至拉萨公路改建工程那曲至羊八井段第二标段四分部项目经理。

图6–8　张治伟

2019年，针对国道109线那曲至拉萨公路改建工程那曲至羊八井段项目施工环境特殊、施工工期紧迫的现实情况，张治伟召集项目管理人员，针对眼前的困难，讨论应对方案，制订施工计划，果断采取措施。“时间不等人，大家撸起袖子加把劲”是那段时间张治伟说的最多的话。天道酬勤，付出总是有回报的。在大家的努力下，2019年二季度开始，项目部单日完成12片预制箱梁生产及架设任务，实现桥梁上部结构等各项工序有序预转，在高海拔的施工环境下连续3个月单月完成产值超1亿元，6个月完成项目部2000余片箱梁的预制生产任务。

严格，是张治伟给同事们留下的更深印象。“差1兆帕的强度也不能提吊，没有商量！”箱梁生产期间，张治伟对因工期紧、任务重，在箱梁强度未完全达到要求的情况下即开始准备提吊的情况，立即叫停，并组织现场会议，要求大家必须严格按照技术规范施工，必须将质量安全放在首位。“‘百年二航’的品牌不能砸在我手里。”

不积跬步无以至千里，不积小流无以成江海。在西藏高原工作的这几年，面对艰苦的施工环境和艰苦的生活条件，张治伟凭着勤思善钻的探索精神、吃苦耐劳的实干作风，带出了一支技术过硬、业务能力扎实的项目团队，他们用青春在高原扛起了“二航铁军”的大旗。

三标段 吴小锋

工程项目建设是一场没有硝烟的战斗，每一项工作都考验着施工管理者的毅力、智慧和技能。

运作项目犹如指挥战争，涉及“安全保卫战”“质量高地争夺战”和“工期攻坚战”等，而项目负责人则好比是一位将军。没有一位好的将军，整个队伍就是一盘散沙，胜利无从谈起。

国道109线那曲至拉萨公路改建工程那曲至羊八井段第三合同段驻地地处平均海拔4300米以上的藏北高原当雄县。2018年4月，吴小锋带领着自己的团队来到藏北高原，担负起国道109线那曲至拉萨公路改建工程那曲至羊八井段第三合同段77.749千米工程量的建设任务。

万事开头难，但难不倒逢山开路、遇水架桥的中国中铁筑路人。吴小锋说：“办法总比困难多。既然要干，就不但要干好，还要干得漂亮。”在初入西藏、摸着石头过河的情况下，他认真贯彻执行建设单位和公司相关的在建工程建设要求，团结干群、克难排险、攒劲发力、挑战极限，遵循“跑步进场、快速建点、快速开工”的争先理念，使前期工作领先全线：仅用25天即完成项目驻地建设，领先全线入驻办公；

图6-9 首桩施工

按照业主要求，提前两天，领先全线完成混凝土拌和站标定工作并进行试拌；在全线桩基试验中率先开钻、成功完成首桩灌注；路基试验段草皮清除工艺作为样板在全线推广……

吴小锋始终坚持“开工必优，全面创优”的理念。在项目建设中，根据业主提出的创建“品质工程”的新要求，他坚持突出“四新”技术的应用，施工中先后采用了“墩粗机”“套丝机”“扭力扳手”“滚焊机”“数控切断机”“数控弯箍机”“数控加工中心”“灌无忧”“蒸汽养护”“自动喷淋养生”“砂石分离机”“强夯机”以及“二维码智能技术交底”等，新设备、新工艺、新技术 14 项，不仅提高了工作效率，而且提升了工程质量。

2018 年的业主指挥部综合评比中，中国中铁股份有限公司的施工进度、履约、品质工程创建、安全施工生产均为第一名。

三标第三方检测　邓桂萍

邓桂萍，女，高级工程师，广东交科检测有限公司西藏办事处主任，资深桥梁基桩及钢结构检测专家，先后参与西藏交通多条一级路的第三方检测工作。2018 年起担任国道 109 线那曲至拉萨公路改建工程那曲至羊八井段第三标段第三方检测负责人。

巾帼不让须眉

她，作为一名女性，却连续 24 年扎根于工程一线，主要从事基桩及钢结构无损探伤的检测和技术咨询工作。在这个平凡的岗位上，邓桂萍发挥共产党员的锐意进取精神，带领广东交科的桩检团队不断深入对各种检测方法的研究，不断积累经验，突破技术难点，为交通行业的工程质量保驾护航。

2018 年，广东交科检测公司承接了国道 109 线那曲至拉萨公路改建工程那曲至羊八井段第三标段的第三方检测任务，面对恶劣的高原环境、严重的高原反应，她主动请缨“挂帅”，带领团队奔赴雪域高原的新“战场”。

图 6-10　进行高应变基桩检测实验

信念坚定，攻坚克难

图 6-11 邓桂萍（左三）

2020 年广东交科检测公司承接了那羊高速公路项目附属房建工程的基桩检测任务，由于工期紧，原设计采用的基桩竖向静载试验严重影响工程进度。为了提高检测效率，邓桂萍带领检测团队跟项目设计代表反复论证，并克服重重困难取得基桩承载力检测的动静对比系数，采用基桩高应变法代替基桩静载试验，大大提高了检测效率，确保了工程进度。项目实施过程中，由于西藏地区找不到实施高应变法检测的重锤，只能在广东定制一把合适的重锤，连同导向架用专车运到位于那曲的工地；由于在当地找不到专门的辅助队伍，她带领检测团队克服高原反应，在 4500 米的高原上，自行完成了所有检测基桩的重锤吊装和传感器安装。

始终坚守初心

邓桂萍同时是广东交科检测有限公司党总支西藏检测项目党员突击队队长，为了能够圆满完成检测工作，哪怕是在冬季零下十几度的严寒中，在高度缺氧的恶劣环境下，她都能够带领团队克服种种不适，始终坚守一线，当好项目的质量卫士，高质高效地完成各项检测任务，所率领的交科公司检测团队以服务及时、纪律严明和技术过硬，赢得了西藏建设各方的广泛赞誉。

从 2013 年组织安排她支援西藏交通建设开始，她始终以高标准和严要求对待工程质量，为项目建设保驾护航，她的能力和业绩也受到了组织肯定和认可，并于 2019 年荣获广东省交通运输厅“南粤交通楷模”和广东省国资委“优秀共产党员”等称号，2020 年当选“全国交通运输系统劳动模范”。

路面施工技术咨询组　李善强

李善强，工学博士，“80后”教授级高级工程师，交通运输部青年科技英才，广东华路交通科技有限公司道路研究所副所长，一级技术带头人。长期从事路面工程试验检测、施工咨询和科技研发等工作，先后主持或参与开展了30多项含交通运输部西部项目在内的省部级课题。担任国道109线那曲至拉萨公路改建工程那曲至羊八井段路面施工技术咨询组组长。

风景在路上，对于李善强而言，风景就在脚下。只要在公路上，他都习惯性地观察和分析路面的使用情况。“大雨正是检验路面质量的最佳时机。”就算是狂风暴雨这种恶劣天气，他也能从专业上发现它的价值。专业习惯已经“活”在了他的生命轨迹中，这是交通人奉献事业的职业精神，也是科研人刻骨钻研的工作态度。

2019年4月，李善强带领团队深入雪域，用技术为“新天路”的路面质量保驾护航。

作为路面施工技术咨询项目组的组长，他在高寒缺氧、优质石料短缺、工期紧张等一系列不利条件下，带领一支年轻的研究生队伍，因地制宜摸索出了一套适应藏区高等级公路的路面质量提升技术，在全线227千米路面施工中推广应用，部分标段平整度检测结果为0.55米/千米，创造了藏区高等级公路的新纪录。低氧条件下沥青拌和楼生产能力提升技术、低温环境下骨架密实型沥青混合料压实度保障技术、桥面整体化层品质提升技术、红外无人机全断面施工监控技术……一项项技术的创新，助推了高品质的“新天路”。

图6-12　李善强（中）

他从泥泞的小道徒步攀登海拔4700米的石场检查材料，连夜为施工单位调整级配，雨雪寒风中守在摊铺机旁改进施工工艺。

“缺氧不缺精神，海拔高斗志更高”

图 6-13 深入现场，对技术把关

不再是空洞的口号，已化为血液流淌在他的生命之中。

进藏以来，李善强结合西藏地区的自然环境、气候条件等实际情况，通过 14 项技术创新，提出了一套适合西藏地区高海拔公路建设路面工程品质提升技术，为西藏地区高海拔公路建设总结了宝贵的经验。

大 事 记

2018 年 5 月 15 日，国道 109 线那曲至拉萨公路改建工程那曲至羊八井段正式开工。

2018 年 8 月 23 日，国道 109 线那曲至拉萨公路改建工程那曲至羊八井段指挥部召开了质量工作会议，指挥部各部门负责人及设计代表组、第三方检测单位、各总监办、施工单位主要负责人参会。各总监办、施工单位就路基填筑、箱涵施工、桩基施工、箱梁预制及试验室工作等情况进行总结汇报。设计代表组针对监理、施工单位在设计上存在的疑问进行了解答。

2018 年 8 月 27 日，国道 109 线那曲至拉萨公路改建工程那曲至羊八井段召开党风廉政会议，西藏交通建设集团有限公司副总经理兼那羊段指挥长旺杰次仁主持会议，认真学习了中共中央“八项规定”“六项禁令”和反四风具体内容。

2018 年 9 月 29 日，西藏自治区总工会在国道 109 线那曲至拉萨公路改建工程那曲至羊八井段项目当雄隧道施工点举行送医、送药、送法律、送文化和送温暖活动。自治区交通运输厅、拉萨市总工会、当雄县政府相关领导，西藏交通建设投资有限公司纪委书记桑布及各参建单位员工近两百人参加活动。

2018 年 9 月 30 日，国道 109 线那曲至拉萨公路改建工程那曲至羊八井段指挥部召开第一次综合评比颁奖大会。

2018 年 10 月 8 日，国道 109 线那曲至拉萨公路改建工程那曲至羊八井段指挥部接到当雄县政府的救援电话，组织第三标段施工单位车辆人员赶赴纳木错国家公园雪灾现场实施救援，经过 6 个多小时的艰苦奋战，打通出山道路，使被困的 200 多名游客和村民陆续得以安全疏散。

2018 年 10 月 10 日，国道 109 线那曲至拉萨公路改建工程那曲至羊八井段指挥部召开了“四新”技术研讨会议。各施工单位对已应用的“四新”技术进行总结，对拟应用的“四新”技术进行了阐述交流。设计院、监理单位对已使用的“四新”技术进行了分析、优化，并结合施工现场实际情况提出了新的建议。

2018 年 10 月 18 日，国道 109 线那曲至拉萨公路改建工程那曲至羊八井段指挥部召开由各总监办、施工单位主要负责人参加的党风廉政工作会议。

2018 年 11 月 13 日，国道 109 线那曲至拉萨公路改建工程那曲至羊八井段指挥部召开了党风廉政会议。会上宣读了近期中共西藏自治区纪委下发的通报，组织指挥部全体人员一同观看了反腐纪录片《永远在路上》，并对指挥部 5 名人员面对金钱诱惑，于第一时间上报情况予以表扬。

2019 年 1 月 4 日，在国道 109 线那曲至拉萨公路改建工程那曲至羊八井段指挥部多次实地核查需迁改杆线管网情况，不断优化迁改技术方案，并召开专题工作会进行协调、沟通的基础上，那羊沿线格拉输油管道首次割接迁改工作在指挥部、监理单位的共同监督下展开。

2019 年 3 月 20—22 日，国道 109 线那曲至拉萨公路改建工程那曲至羊八井段指挥部指导各标段有针对性地开展高原应急演练、反恐防暴应急演练等活动，进一步提高了参建人员的自我保护意识，增强了参建人员遇到突发事件的应变能力。

2019 年 3 月 23—25 日，国道 109 线那曲至拉萨公路改建工程那曲至羊八井段指挥部组织各参建单位对全线开展安全隐患大排查，针对生产、生活重点管控区域，隧道、基坑等危险性较大的分部分项工程，进行了全面、仔细的排查整治。

2019 年 4 月 11 日，西藏自治区各地（市）质监分站 30 余名质检人员到国道 109 线那曲至拉萨公路改建工程那曲至羊八井段，进行重难点工程的工艺工法、质量信息化、安全管理、先进设备使用等的现场观摩学习。

2019 年 4 月 28 日，国道 109 线那曲至拉萨公路改建工程那曲至羊八井段首次路基转序，即第二标段中国交建一分部 K3649+800—K3650+200、K3549+040—K3649+660 路基转序工作顺利完成，标志着那羊项目部分施工正式转入路面结构层施工。

2019 年 5 月 1 日，国道 109 线那曲至拉萨公路改建工程那曲至羊八井段指挥部开展“学标兵、当能手”主题技能比武活动，进行电焊工组、钢筋工组和装载机组三个工种的实操比武，达到了以赛促培、共同提升的目的。

2019 年 5 月 5 日，国道 109 线那曲至拉萨公路改建工程那曲至羊八井段指挥部组织召开安全、环保工作会议。详细听取各总监办、施工单位对前期安全环保工作开展情况及下一步工作的汇报，指挥部对近期安全、环保工作及下一步迎接中央环保督导检查工作进行了安排部署。

2019 年 5 月 16—17 日，西藏自治区交通运输厅建设管理处组织调研组到国道

109线那曲至拉萨公路改建工程那曲至羊八井段指挥部进行实地调研，先后在那曲至羊八井各标段听取了民工工资支付情况等相关工作的汇报，逐一对各标段分部及项目经理部的民工花名册、工资支付情况、民工的专户等材料进行了全面排查。

2019年5月19日，国道109线那曲至拉萨公路改建工程那曲至羊八井段指挥部召开党风廉政建设工作会议。

2019年5月22日，西藏自治区公路局党委副书记、局长陆爱本一行到国道109线那曲至拉萨公路改建工程那曲至羊八井段进行督导检查，对项目的工程质量、施工进度、综治维稳、安全生产等各项工作进行了检查，详细听取了建设进展情况及目前存在的困难和下一步工作计划。

2019年5月30日，原交通运输部安全与质量监督管理司巡视员黄勇一行到国道109线那曲至拉萨公路改建工程那曲至羊八井段开展安全生产检查指导，对项目的综合安全、工程质量、应急管理、风险防控等各项工作开展情况进行了检查，并查阅相关台账、资料，听取安全生产工作专题汇报。

2019年6月16日，国道109线那曲至拉萨公路改建工程那曲至羊八井段开展“防风险、除隐患、遏事故”安全生产月宣传咨询日活动，通过现场寓教于乐地讲解安全知识、展牌展示、答疑解惑、高原健康体检等方式，大力宣传安全生产法律、法规和安全防范技术。

2019年6月27日，国道109线那曲至拉萨公路改建工程那曲至羊八井段二标一分部防裂基布层试验段K3648+490—K3649+690（左幅）施工顺利完成，由此确定了防裂基布层施工工序及要求，获取了防裂基布层施工适宜时间、温度，喷洒车喷洒温度、速度、范围及喷洒量等一手数据，为大规模开展防裂基布层施工提供了参考依据。

2019年7月1日，西藏交通建设集团有限公司领导到国道109线那曲至拉萨公路改建工程那曲至羊八井段组织开展“庆祝党的生日·七一主题活动”，带领全体党员重温入党誓词。

2019年7月10日，西藏自治区交通运输厅党委委员、总工程师冯振中及厅相关单位负责人，到国道109线那曲至拉萨公路改建工程那曲至羊八井段进行调研检查，在施工现场听取汇报，并重点查看了沿线管理养护及服务设施、路面工程水稳层、爬奴一号大桥梁板架设及支座等项目的整体施工情况。

2019年8月13—15日，西藏自治区交通运输厅质监部门组成督查组到国道109

线那曲至拉萨公路改建工程那曲至羊八井段进行质量监督专项督查，在现场听取汇报，重点对当雄隧道等项目整体施工情况进行现场钻芯取样、实体工程质量及原材料的抽检，并对各总监办、施工单位的内业资料及履约情况进行了详细检查。

2019 年 9 月 2—5 日，国道 109 线那曲至拉萨公路改建工程那曲至羊八井段指挥部开展农民工工资拖欠清查工作，有力维护了农民工合法权益。

2019 年 9 月 24 日，国道 109 线那曲至拉萨公路改建工程那曲至羊八井段 K3655+515 古露大桥 3-8 号箱梁架设完成，那羊二标段一分部由此成为全线首家完成主线梁板架设的实工单位。

2019 年 9 月 30 日，西藏自治区交通运输厅党委委员、副厅长陈朝到国道 109 线那曲至拉萨公路改建工程那曲至羊八井段组织召开民工管理暨安全维稳专题会议。

2019 年 10 月 22 日，海拔 4300 米，全长 1100 米（左线）的国道 109 线那曲至拉萨公路改建工程那曲至羊八井段当雄隧道全线贯通，创造了“零事故、零伤亡”的优异成绩。

2020 年 6 月 26 日，西藏交通运输厅党委副书记、厅长徐文强到那羊段二标一分部督查指导工作。

2020 年 7 月 3 日，国道 109 线那曲至拉萨公路改建工程那曲至羊八井段二标三分部全线率先完成沥青摊铺。

2021 年 8 月 21 日，国道 109 线那曲至拉萨公路改建工程那曲至羊八井段通车试运行。由此，全长 295 千米的 G6 京藏高速公路那曲至拉萨段全线通车。

附　录

2018 年 2 月 9 日，西藏卫视

姜杰在调研国道 109 线那曲至拉萨段控制性工程项目建设时强调，以高度政治责任感和历史使命感，扎实推进项目建设

2018 年 2 月 8 日下午，西藏自治区党委常委、自治区常务副主席姜杰来到国道 109 线那曲至拉萨段控制性工程项目施工现场，调研项目进展情况。在羊八井 2 号隧道出口施工现场，姜杰详细了解项目规划和工程进度情况。他强调，国道 109 线那曲至拉萨段控制性工程是《国家公路网规划》北京至拉萨高速公路的重要组成部分，是西藏融入国家"一带一路"区域经济一体化发展的生命线。各级各部门和各参建单位要以高度的政治责任感和历史使命感，扎实推进项目建设，确保工程建设质量。要牢固树立"安全第一"的思想，坚决杜绝安全责任事故发生。特别是参建单位要加强民工工资支付管理工作，确保不拖欠民工工资，切实做好供氧、供暖等后勤保障工作，解决参建人员的后顾之忧。要坚持发扬"老西藏精神"、"两路"精神，攻坚克难，加快工程进度，早日造福各族群众。

2018 年 9 月 3 日，《西藏商报》2 版

拉萨至那曲高等级公路控制性工程全长 68 千米，羊八井等 3 处将建互通式立交

如今，走在从拉萨至那曲的 109 国道上，你会看到一根根桥桩拔地而起，一座座隧道穿山而过，这就是正在建设当中的国道 109 线拉萨至那曲高等级公路。9 月 2 日，记者从施工现场获悉，该项目控制性工程进展顺利，开工以来，路基成型 37 千米，

各大桥梁、隧道建设有序推进，目前已累计完成投资 45.47 亿元。

当日，记者乘车来到了羊八井 2 号隧道施工现场，工人师傅们正在隧道内有条不紊地施工，隧道内环境整洁，输风管道源源不断地往隧道内输入新鲜空气，保持隧道内空气流通。“羊八井 2 号隧道已顺利推进 800 多米。”项目施工现场的相关负责人说。随后，记者来到了才普岗大桥，发现该大桥已经铺设完毕。

对于该项目控制新工程的具体进展，该负责人介绍，开工以来，路基土石方累计完成 938 万方，占总量的 97%，路基成型 37 千米；桩基累计完成 2570 根，占总量的 99%；墩柱累计完成 1580 根，占总量的 85%；箱梁预制累计完成 3301 片，占总量的 81%；梁体架设完成 1632 片，占总量的 40%；涵洞工程累计完成 174 道，占总量的 100%；隧道左右洞开挖累计完成 3691 米（单洞），占总长 15065 米的 25%。此外，开工以来累计完成投资 45.47 亿元，占总投资 69.8 亿元的 65.1%。

该负责人还表示，国道 109 线拉萨至那曲高等级公路控制性工程起于当雄县羊八井镇桑巴萨村，止于堆龙德庆区乃琼镇，全长 68 千米。

该控制性工程采用四车道一级公路标准建设，设计速度 100 千米 / 小时，标准路基宽度 26 米，隧道分离式路基宽度 11 米，桥梁分离式路基宽度 12.75 米。该控制性工程项目预算总投资 62.86 亿元，主要工程量包括：全长 1410 米特大桥 1 座、28 座大桥共长 9565 米、16 座中小桥共长 652 米、全长 6240 米特长隧道 1 座、全长 1285 米长隧道一座、260 米明洞一座、涵洞与通道 174 道。路基挖方 119 万方，路基填方 849 万方，此外，羊八井、古荣、波玛将建设 3 处互通式立交。

（文：记者卢鑫）

2019 年 8 月 11 日，中国新闻网

“天路升级”——西藏那曲至拉萨段公路改建工程有序推进

中新网那曲 8 月 11 日电（江飞波，赵延）国道 109 线那曲至拉萨段公路改建工程于 2018 年全线开工，该项目全长 226.937 千米，系西藏自治区重点项目之一。近日，中新网记者从现场获悉，目前该项目有序推进中。

据悉，国道 109 线那曲至拉萨段公路是《国家公路网规划（2013 年—2030 年）》G6 北京至拉萨高速公路的组成路段。项目建成后，拉萨至那曲车程将由现在的 7 小时左右缩

短至3小时左右。该项目对于完善西藏交通网络，提升交通运力具有十分重要的意义。

值得一提的是，该项目起于那曲火车站，基本沿国道109线和青藏铁路向南展线，终点位于拉萨市当雄县羊八井镇，项目全线平均海拔超过4000米，是目前中国在建海拔最高的公路项目之一。

（编辑：郭梦媛）

2020年1月9日，《西藏商报》3版

拉萨到那曲高速公路力争今年通车

截至2019年11月底，西藏自治区公路通车总里程已突破10万千米

近日，记者从西藏自治区两会上获悉，2019年，全区累计完成公路交通运输固定资产投资458亿元，占交通运输部年度目标任务的100.7%，超额完成预期目标。截至2019年11月底，全区公路通车总里程突破10万千米。交通运输部“十三五”规划内续建项目全部完工，计划新开工项目除斜尔瓦桥外全部开工建设。国省道里程由2015年的11950千米增加到29353千米，年均增加4243千米。

（文：记者刘欢）

2019年，西藏自治区所有县实现通油路目标

提前完成脱贫指标，有力推动交通领域脱贫攻坚。2019年以来，自治区交通运输厅以加快农村公路建设为重点，推动交通脱贫攻坚。实施交通脱贫攻坚，是破解我区经济社会发展瓶颈的关键。据自治区交通运输厅综合规划处副处长李东昌介绍，在建国省干线、边防公路及农村公路完工后，乡镇、建制村通畅率将分别达到95.2%和76.6%，能够顺利完成自治区确定乡镇、建制村通硬化路建设任务。波密至墨脱段油路已实现贯通，西藏所有县实现通油路目标。

认真贯彻生态环境保护决策部署，推进西藏公路交通生态文明建设和绿色循环低碳发展。制定西藏自治区交通运输生态环境保护工作制度，成立交通运输厅生态环境保护领导小组，全面协调有序推进生态环境保护各项工作，把“党政同责”“一岗双责”落到实处。在自治区生态环境保护考核中，2018年、2019年连续两年被评为优秀，为我区共同打赢蓝天、碧水、净土保卫战，为筑牢国家生态安全屏障作出了积极贡献。

附图 1 拉萨到那曲高速公路

那么过去一年我区公路建设发展取得了哪些具体成就呢？据李东昌介绍，截至2019 年 11 月底，全区公路通车总里程突破 10 万千米。西藏国省干线高等级化建设进入加速发展期，G4218 林芝至拉萨、G4218 日喀则机场至日喀则市、G4219 泽当至贡嘎机场等公路先后建成通车，G4218 拉萨至日喀则机场公路正加快建设，林芝和山南市已率先贯通高等级公路，那曲和日喀则市也将相继建成高速公路。

2020 年，加快推进拉日高速公路开工建设

“十三五”规划已临近尾声，2020 年自治区交通运输厅将继续以“不找借口、不推责任、不讲条件、敢于担当、提前谋划”为工作准则，重点做好以下几个方面的工作：

合理安排计划、积极落实投资。加强对接力度、确保项目建设，进一步加大对国家有关部委的工作汇报对接力度，推进前期工作、确保项目储备。

科学制定计划、力保目标完成。根据“十三五”规划项目推进情况，合理制定年度公路交通固定资产投资计划，明确任务目标，加快项目建设。同时加大与国家相关部委的沟通、衔接和汇报工作，为“十四五”规划开局奠定基础。

加强统筹协调、推进规划编制工作。力争上半年审定批复《西藏自治区综合立体交通网规划（2021—2050 年）》；根据与国家部委汇报对接情况，修改完善《西藏自治区综合交通运输“十四五”发展规划》并报请自治区政府审定。

第二轮环保督察即将开始，扎实做好第二轮环保督察迎检准备工作。牢固树立尊

重自然、顺应自然、保护自然的生态文明理念，切实增强保护生态环境的责任意识和担当意识，严格落实环境保护“一岗双责”责任制，坚持“管行业必须管环保、管业务必须管环保、管生产经营必须管环保”的工作原则，认真履行环境保护职能职责，共同抓好各项环境保护工作，努力形成齐抓共管的良好局面。

“在重点交通项目工程建设方面，2020年，我们首先要力争完成拉萨到那曲高速公路主体工程建设，力争达到通车的条件；其次，加快推进拉萨到日喀则高速公路建设，为‘十四五’初实现贯通创造条件。此外，墨脱至察隅控制性工程也计划在今年开工建设。”李东昌说。

2020年5月21日，西藏卫视

这个项目完工后，那曲到拉萨车程仅需3小时

国道109线那拉段高等级公路建设，是西藏自治区重点建设项目之一，目前该项目各标段已全面复工。

建成后，那曲市至拉萨市的车程，将缩短至3小时。

在位于那曲市罗玛镇的那拉高等级公路施工现场，挖掘机、砂土车来来往往，一片繁忙景象。

据了解，那拉高等级公路各标段工程，已于4月底起陆续复工，在做好新冠肺炎疫情防控的同时，也在赶进度抢工期，争取早日完工。

据那拉高等级公路那曲至羊八井段第一标段项目部工程部部长李奇介绍，第一标段全长64.08千米，共有25座桥，目前项目参与人员1600余人，计划达到2100余人，将力争今年9月30日全部竣工。

2021年4月26日，那曲市人民政府网站

那曲至拉萨这条高速公路即将全线贯通

春日，那曲至拉萨高速公路施工现场一派热火朝天。G6京藏高速那曲至羊八井段是国家高速公路网G6的重要组成部分、西藏自治区重大民生工程之一。项目全长

226.937 千米，设计时速为 120 千米 / 小时，路基宽度 26 米，共设桥梁 145 座，其中特大桥 7 座；隧道 1 座，桥隧占比 16.78%。项目总投资 218.9 亿元，截至 4 月 15 日，累计完成 202.43 亿元，完成施工图批复的 92.47%。

2020 年 10 月 1 日，羊八井至拉萨段通车运行，该工程剩余部分计划在 2021 年 6 月底全线通车运行。项目通车后将大幅促进沿线经济发展，改善民族地区生产、生活，对完善区域路网结构和功能等具有重大意义。

截至目前，西藏高速公路通车里程达 728 千米。“十三五”期间，西藏自治区完成交通运输固定资产投资 2516 亿元，是“十二五”期的 3.7 倍，占西藏全部固定资产投资的三分之一；全区公路通车里程达到 11.88 万千米，创造了年均增长 8100 千米的高原奇迹，布局合理、功能完备的全区路网初步织就，公路管养全面深化，大型自然灾害和突发事件应急处置能力大幅提升。

2021 年 5 月 12 日，《西藏商报》头版

那曲至拉萨车程将缩短至 3 小时

去年 10 月 1 日，G6 京藏高速羊八井至拉萨段通车试运行，给拉萨至羊八井和当雄的群众提供了很大便利，大家非常期待那曲至拉萨高速公路剩余部分那曲至羊八井段也能尽快通车。近日，记者从西藏自治区交通运输厅获悉，G6 京藏高速那曲至羊八井段作为国家高速公路网 G6 的重要组成部分、西藏自治区重大民生工程之一，也是青藏大通道的重要节点工程，截至 2021 年 4 月 26 日，该项目累计完成总投资的 92.84%，计划在 2021 年 6 月底全线通车试运行。

G6 京藏高速那曲至羊八井段项目全长 226.94 千米，采用双向四车道高速公路标准建设，设计行车时速 120 千米，路基宽度 26.0 米。全线共设桥梁 145 座，其中特大桥 7 座，大、中桥 89 座，小桥 49 座，隧道 1 座，桥隧比为 16.78%。该项目起于那曲火车站西北，经罗玛镇、香茂乡、古露镇、乌玛塘乡、阿热湿地、当雄县城、宁中乡，终于羊八井镇，与 G6 京藏高速羊八井至拉萨段起点相接。

“该项目于 2018 年 6 月开工，2021 年 6 月底具备通车试运行条件。”据该项目负责人介绍，在施工期间，所有参建人员克服高寒、高海拔施工的恶劣环境，发扬“两路”精神，攻坚克难，力争将项目打造为品质工程。同时，施工方发挥科技引领作

用，在借鉴各方成熟经验的基础上，针对高海拔、高寒地区高等级公路沥青路面的施工工艺进行优化，并取得了一定成效。

据介绍，该项目建成后，将大幅提升青藏线的运输能力，使拉萨与那曲间的车程缩短至3个小时，对西藏融入国家“一带一路”区域经济一体化发展，促进沿线经济发展，改善沿线民族地区生产、生活条件，完善区域路网结构和功能等具有重要的意义，是新时代造福一方的“新天路”工程。

截至目前，西藏高速公路通车里程达728千米。“十三五”期间，全区公路通车里程达11.88万千米，创造了年均增长8100千米的高原奇迹，初步建成了布局合理、功能完备的公路交通体系，应对大型自然灾害和突发事件应急处置能力大幅提升。西藏交通人传承发扬“两路”精神，攻坚克难，实现了以“两路”高速化为代表的高等级公路建设的重大突破，拉萨至林芝、贡嘎至泽当、日喀则机场至日喀则市、羊八井至拉萨（高速）高等级公路顺利通车。

如今，那曲至羊八井段即将通车试运行。自治区交通运输厅厅长徐文强表示，力争到2025年，西藏公路通车总里程和高速公路通车里程分别突破12万千米和1300千米，建成以拉萨为中心的3小时综合交通圈，基本构建形成“便捷顺畅、协同融合、公平共享、安全绿色、保障有力”的综合交通运输体系。

（贡嘎洛珠、冯涛，记者：张雪芳，实习记者：邹承光）

2021年6月11日，那曲新闻网

那曲至拉萨高速公路即将全线贯通

那曲至拉萨高速公路是国高网G6京藏高速的重要组成部分，也是青藏大通道的重要节点工程，如今主体已基本完工，正在进行收尾工作。

在拉那高速第一标段施工现场记者看到，即便天公不作美，刮着大风，飘着雪花，但施工现场依然一派热火朝天，工人在进行安装中央护栏、挂牌等工作，确保公路如期通车。

那曲至拉萨高速公路的施工不仅给过往干部群众带来了极大的交通便利和经济效益，也为沿线群众带来了增收致富的好机会。

拉那高速如今已完成施工量的99%，项目建成后将大幅提升青藏公路的运输能力，使那曲至拉萨路程缩短到 3 个多小时。如今的那曲，高速、国道、铁路三线齐飞，将大幅促进沿线经济发展。

（责任编辑：袁莹莹）

2021 年 6 月 19 日，CCTV 新闻频道

沿着高速看中国：通行时间缩短一半，那拉高速公路现已具备通车条件

如今，西藏自治区境内建制村村村通公路，西藏公路通车里程达到 11.88 万千米，乡镇、建制村通畅率分别达 94%、76%。现在西藏公路建设又有新进展，那就是连接拉萨和那曲的那拉高速公路。这条高速公路平均海拔 4500 米，全线长 294.86 千米，分成两段建设，从拉萨到当雄县羊八井段共有 67.92 千米，是去年 10 月 1 日建成通车的。而从羊八井到那曲这一段共有 226.94 千米，经过 3 年的建设，目前已经具备了通车条件。今天羊八井到那曲段正在进行通车前路面和桥梁的技术检测，目前总台记者王磊就在现场。

总台记者王磊：我现在就在世界平均海拔最高的高速公路那拉高速羊八井至那曲段的起点上。这里的海拔是 4380 米，现在我们可以看到有不少工程车正在对最后一段路面进行技术检测。我旁边正在调试的设备叫作八轮仪，主要是用来检测路面的平

附图 2 八轮仪和桥梁检测车检测桥梁质量

整度。一旦路面的高差大于1.2毫米，仪器就会报警。而在我前方还有两台桥梁检测车，对桥梁的外观和质量进行检测。

总台记者王磊：大家看，我旁边就是牧民们放牧的天然草场。顺着再往远处看就是青藏公路和青藏铁路，三条路在交汇并行，非常壮观，这也是几代建设者辛勤付出的见证。而这条平均海拔在4500米的高速公路大部分处于冻土区，环境恶劣，施工难度大。什么是冻土？在冻土上修筑高速公路会遇到什么问题呢？下面我这里用两个冰袋，来给大家演示一下。冻土中含有大量的水分，冻结状态下非常坚硬，强度高；但是随着季节的变化，在冰融化后就会变软，承载能力下降，路面下就会像这个融化的冰袋——大家看，这辆模型车在上面行驶，路面很难承受压力，就会沉下去。为此，设计方提出了很多工程处置措施，比如在路面下埋设通风板、通风管和热棒等设施来调控冻土的温度——在我们看不到的路面下方其实就是这样的结构。几代建设者不断的努力，让我们未来的行驶更安全和舒畅。

总台记者王磊：征得建设方允许后，我们中央广播电视总台“沿着高速看中国”的车队马上就从羊八井出发，驶向那曲，带大家提前去感受这条壮美的高原“天路”。

总台记者王磊：以前我们从拉萨到那曲，沿着青藏公路开车需要6个多小时。这也是南北向的一条重要的物资运输通道；由于大货车多，只有双向两车道，经常会出现堵车的情况。今后通过高速从拉萨到那曲只需要3个小时。

总台记者王磊：现在我们继续行驶在拉萨牧业大县当雄境内。高速路口专门设置了一个念青唐古拉山观景台，一望无垠的草原和雪山尽收眼底。未来可以在这里停车，与海拔7162米的念青唐古拉山主峰来一张亲密的合影。

总台记者王磊：沿着那拉高速在当雄下道，行驶一个多小时就能到达西藏三大圣湖之一、国家级风景名胜区纳木错。纳木错正在推动高原大湖生态环保游，目前景区已经开通了观光车，实现与自驾车的无缝换乘。游客可以沿湖尽览美景。

总台记者王磊：继续往北，还能看到大面积的湿地和壮美辽阔的藏北草原，沿线牧区的老百姓可以通过这条高速公路更方便快捷地前往拉萨等地，学习先进的技术技能，就业渠道也更广阔。

总台记者王磊：那拉高速还是一条生态环保公路，从羊八井至那曲段共建有145座桥梁。建桥能最大程度减少对沿途湿地和草原的影响。同时桥下还专门设立了供牦牛和羊群行走的通道，形成了一幅人与自然和谐相处的高原壮美画卷。

（总台记者：王磊，西藏台记者：刘若轩、吴勇）

2021 年 7 月 2 日，《西藏商报》6 版

拉萨至日喀则、那曲高速即将通车，3 小时综合交通圈正在加速形成

近日，随着拉林铁路的正式通车运营，“复兴号”高原双源动力集中动车组开上高原，拉萨至山南、林芝最快 1 小时 10 分钟、3 小时 29 分钟可达。近期，拉萨至日喀则、那曲高速也即将通车试运营，这将加速拉萨至那曲、日喀则、山南、林芝 3 小时综合交通圈的形成。

拉贡高速创造历史

8 年前，杨女士从四川来到拉萨后，一直从事旅游运输行业，那时拉贡高速已经建成通车。“有时候，我一天开车去贡嘎机场好几趟。”杨女士说。夏季，来西藏旅游的人比较多，所以她每天去机场接送客人的次数也逐渐多了起来。目前，她开车从拉萨市区出发，一个小时左右就能到贡嘎机场。

拉贡高速于 2011 年 7 月 17 日正式建成通车，这是西藏第一条高速公路，结束了西藏没有高速公路的历史。这条宽阔、高效、便捷的幸福之路，承载着西藏各族人民

附图 3 拉那高速

谋发展、促和谐、奔小康的无限希望。

另外，泽贡高速于2017年12月8日正式通车，全长89.87千米，小型车辆最高时速110千米。泽贡高速的通车运营进一步提升了藏中南环线旅游的交通基础条件，助推拉萨、山南一体化发展。

“复兴号”为交通再提速

珍嘎在拉萨某小学当老师，老家在墨脱县。当听说拉林铁路通车后，她激动地说：“太好了！”墨脱县没有通公路之前，他们进出墨脱需要翻山越岭、人背马驮。从墨脱公路于2013年10月31日宣布通车，到2019年拉林高速实现全线通车，再到今年6月25日拉林铁路建成通车，“复兴号”开进西藏，她见证了拉萨至林芝交通的快速发展变化。

2019年4月26日，拉林高速控制性工程米拉山隧道建成试运营，标志着拉林高速实现全线通车，拉萨至林芝通行时间由原来的8小时缩短为现在的4至5小时，进一步提升了国道318线的技术等级和进出西藏东西向大通道的通行能力，促进了西藏现代物流业发展，全面提升了西藏公路抗灾救灾和应急处置突发事件的能力，同时也为完善国家公路网规划作出了重要贡献。

“现在，我从拉萨回老家，坐动车再坐汽车回墨脱，一天就可以到家了。”珍嘎笑着说，以前，自己开车从拉萨走高速5个小时到林芝就觉得很快了，现在坐动车3个半小时就到了，回家的路越来越近了。

拉那、拉日高速万众瞩目

G4218雅叶高速拉萨至日喀则机场段公路是交通运输部“十三五”规划项目，全长166.75千米，设计速度100千米/小时，双向四车道。该项目分控制性工程和中间段工程分两期实施，其中，接日喀则机场至日喀则市公路已于2017年9月15日通车，拉萨段（拉萨至曲水）于2021年1月22日通车试运营。记者了解到，G4218雅叶高速拉萨至日喀则机场段公路全线建成通车试运营后，拉萨至日喀则通行时间将由原来5小时缩短至3小时以内。

G6京藏高速那曲至拉萨段工程项目，全长294.86千米，双向四车道，是世界上海拔最高的高速公路。G6京藏高速公路羊八井至拉萨段已于2020年10月1日通车，那曲至羊八井段计划将于近期全线通车试运行。届时，拉萨与那曲之间的车程将缩短至 3 个小时，这对完善国家和区域路网结构，提高青藏公路通行能力和安全保障水平，促进西藏资源开发、提高对外开放水平、加强民族交往交流交融，推进西藏经济社会高质量发展和长治久安，全面建成小康社会，具有重大意义。

目前，全西藏自治区高等级（高速）公路通车里程达 728 千米，拉萨至林芝、贡嘎至泽当、日喀则机场至日喀则市、羊八井至拉萨段高速公路顺利通车，实现了以“两路”高速化为代表的高等级（高速）公路建设的重大突破。

到 2025 年，西藏公路通车总里程和高速公路通车里程将分别突破 12 万千米和 1300 千米，并将建成以拉萨为中心的 3 小时综合交通圈，基本构建形成“便捷顺畅、协同融合、公平共享、安全绿色、保障有力”的综合交通运输体系。

2035 年西藏交通运输发展远景目标为：补齐交通基础设施建设短板，基本建成覆盖广泛、服务高效、安全绿色、智能创新的交通运输网络，现代化的综合交通运输体系基本建成，服务新时代西藏长治久安和高质量发展能力显著增强，人民满意度明显提高。

（记者：张雪芳）

2021 年 8 月 21 日，中国新闻网

世界海拔最高——G6 京藏高速公路那曲至拉萨段通车

中新社拉萨 8 月 21 日电（刘步阳，冯涛，江飞波）据西藏自治区交通运输厅 21 日介绍，当日，G6 京藏高速公路那曲至羊八井段通车试运行。至此，全长 295 千米的 G6 京藏高速公路那曲至拉萨段（简称那拉高速公路）全线通车，这是当前世界海拔最高的高速公路。

附图 4　即将通车的西藏那拉高速公路（画面左侧）与著名的青藏公路

来自西藏林芝的旺杰次仁为 G6 京藏高速那羊段建设指挥长。“我奶奶说，在旧西藏时代，林芝

人只能徒步到拉萨，中途要翻越海拔5000米的米拉山，全程要走二十多天。”他说，西藏和平解放后，其父辈年代，林芝到拉萨间有了土路公路，那时坐车也要颠簸3天。

他介绍说，数年前，林芝至拉萨高等级公路通车，两地车程缩短至4小时左右。此次自己参建的那曲至拉萨高速通车，西藏的高等级公路进一步延伸。

他补充说，他们在设计和施工过程中充分考虑高原生态的脆弱性及保护的重要性；投入重金，在沿线预留野生动物及牲畜通道，对高山草甸草皮进行剥离、复植，部分桥梁采用大跨度连续主梁，减少对环境的扰动。截至目前，那羊段全线环保投入超过4亿元人民币。

那曲市色尼区古露镇45岁的牧民索罗说，公路开始修建以来，他们村有24户贫困户加入参建队伍，仅劳务收入便让他们摆脱了贫困。索罗计划通车后购买一辆车，参与运输。

据西藏自治区交通运输厅介绍，那拉高速公路是首条连接西藏自治区首府拉萨和藏北草原的高速公路，通车后，拉萨市与那曲市间的车程由过去的6个多小时缩短至3小时左右。

截至目前，西藏的高等级公路通车总里程达1105千米。“十四五”时期，西藏还将推进启动G6京藏高速公路青海格尔木至西藏那曲试验段的建设。

（责任编辑：苏亦瑜）

2021年8月27日，《中国交通报》6—7版

新天路，新画卷，新征程
——写在G6京藏高速公路那曲至拉萨段全线通车之际

在雪域高原各族群众喜迎西藏和平解放70周年之际，西藏首府拉萨通往藏北高原的第一条高速公路G6京藏高速公路西藏那曲至拉萨段（简称那拉高速公路）全线通车。这条平均海拔4500米的青藏高原新天路，载着世界屋脊波澜壮阔的发展故事抵达今天、带着雪域高原各族百姓的美好期盼奔向未来。

高速出行，藏北高原新天路

“那拉高速公路通车后，我当天就能赶到拉萨贡嘎机场坐飞机出差。”在那曲市政

府部门工作的一位公职人员终于盼到了这条路的开通。不仅公务出行更快捷，那曲市群众想坐飞机到全国各地办事或旅游，也不必提前一天到机场附近住宿了。

那拉高速公路蜿蜒在平均海拔 4500 米以上的藏北高原，是青藏线上一条全新的景观大道，通车后将拉萨市与那曲市之间的车程由过去 6 个多小时缩短至现在的 3 个小时。

从那曲出发到拉萨，沿路可以欣赏到藏北高原独特而壮美的风景，桑登岗桑山、念青唐古拉山圣洁的雪峰在云光明灭中气象万千；公路两侧辽阔的草原和湿地上成群的牛羊悠闲地漫步，曲曲弯弯的河流、大大小小的湖泊映照着蓝天白云，令人心旷神怡；圣湖纳木错则像“遗落人间的宝石”静静地镶嵌在拉萨西北角，等待取道那拉高速公路的人们前来欣赏她的绝世姿容。

许多沿青藏大通道进出过西藏的游客，经历过 109 国道风雪中的艰辛难行，当听说那拉高速公路开通，都期盼着能开车自驾体验飞驰在海拔 4000 多米的高原上观赏美景的新感受。而念青唐古拉山主峰下也修建了功能齐全的观景台，方便过往司乘停

附图 5　那拉高速公路羊八井至拉萨段古荣互通

附图6　那曲河特大桥

车、观景、休闲。这条路必将促进拉萨市和那曲市旅游资源的开发，为沿线地区带来更多区内外的自驾游客，使“拉萨—那曲—青海草原风光旅游线”更具吸引力。

再将目光锁定那曲市。这里位于西藏北部的青藏高原腹地，是青藏公路、青藏铁路进出西藏的重要节点和大通道枢纽，交通地位十分重要。那拉高速公路的通车将藏北草原同拉萨、西藏东南地区以及祖国各地的时空距离骤然拉近了一大步。青藏通道上有了一条意义非凡的高速公路。

在过去几十年里，109国道青藏公路一直是祖国各地通往西藏的经济主干线和国防大通道，担负着进出西藏90%以上的货运量，被称为“世界屋脊上的苏伊士运河”，随着经济社会的发展，这条通道承载的运输压力越来越大。那拉高速公路通车后，使青藏通道那拉段实现了国道、铁路、高速公路并行运营。

据西藏自治区交通运输厅有关负责人介绍，那拉高速公路是《国家公路网规划（2013年—2030年）》G6京藏高速公路的重要组成部分，是交通运输部和西藏自治区“十三五”公路发展规划的重点项目，也是青藏大通道扩容升级的重大工程，是西藏响应“一带一路”倡议、建设面向南亚开放大通道的重要基础设施，在国家和西藏公路网中具有极为重要的地位和作用。

那拉高速公路的全线通车显著提升了青藏大通道的通行能力和安全保障、运输服务水平，有利于促进西藏特别是藏北地区资源开发和各民族交往交流交融，对西藏实现长治久安和高质量发展具有重大的现实意义和深远的历史意义。

“十四五”期间，西藏还将推进启动G6京藏高速公路格尔木至那曲试验段的建设，青藏公路有望全线升级为高速通道，其战略意义不言而喻。

科学设计，生态环保新实践

穿行于秀丽而壮美的山河之间，那拉高速公路的建设全面贯彻了“绿水青山就是金山银山”“冰天雪地也是金山银山”的生态环保理念，工程建设者以极大的智慧呵护着沿线每一寸土地，保护着青藏高原的生态环境。

那拉高速公路那曲至羊八井段（简称那羊段）建设项目指挥长旺杰次仁介绍，这条公路从设计到施工的全过程，充分考虑了高原生态的脆弱性及保护的重要性，全线的环保投入超过4亿元。

在高寒高海拔地区，植被的根系很浅，一旦破坏很难恢复生机。今年6月，记者前往那拉高速公路建设工地采访时，却看到沿路的边坡上绿草茵茵，部分路段边坡上的小灌木、油菜花生机勃勃，显然是人工种植的；几辆洒水车正为花草浇水。

技术人员陈永丰介绍了建设者如何精心呵护那拉高速公路沿线植被。2018年夏天，施工单位对从沿线草原上取下的草皮进行就地堆放，并覆盖遮阳网，定时浇水养护。2019年下半年，再将这些原生草皮复植到建好的公路边坡上，复植成活率超过八成；几段试验路段的边坡上还引进了适合高原的花草，补种到复植的原生草皮上进行养护，也基本上存活下来。通过不断摸索实践，建设单位掌握了成套的高原植被生态保护技术，这些技术有望在今后的高海拔地区工程建设中广泛推广应用。

记者在采访过程中还见到沿线牧民赶着牛羊从公路下的通道穿行而过，公路不远处的草原上时常还能看到成群的野驴和藏羚羊。据介绍，那拉高速公路共设计了245道涵洞可供牲畜和野生动物通过，使沿线牧业完全不受工程建设影响，且野生动物的迁徙和活动也保持着原有的规律。

令人印象深刻的是这条公路的许多路段地处开阔平坦地区，但桥梁数量却不少。据工程技术人员介绍，那拉高速公路全线共有桥梁189座，部分桥梁采用的是大跨度连续主梁设计，虽然桥梁的建设成本较高，却能够最大限度地节约用地，降低对草原、湿地、冻土层的影响和扰动。

据了解，那拉高速公路在设计中坚持“不破坏就是最大保护”的理念，综合考虑沿线社会、经济、环境要求，实现了公路与自然、社会及其他人工系统的整体协调和全面发展。

“我们是以最大限度地保护生

附图7 工程建设单位每天定时给边坡花草浇水养护

态环境为出发点进行的选线设计。”那拉高速公路设计方相关负责人介绍，选线时充分结合了拉萨市、那曲市及沿线城镇总体规划，遵循“靠而不进，离而不远”的原则，尽量避开了水库、村镇、文物古迹等环保敏感点。

在平原及微丘路段，尽可能降低路基高度，对于低路基采用缓边坡设计；山区路段，尽量避免高填深挖，宜桥则桥，宜隧则隧，使公路与沿线自然环境相协调；高寒草甸路段，尽可能绕避以减少占地，对临时用地，施工完成后均及时采取措施恢复生态。

在路基防护设计中，充分考虑了边坡稳定性要求，以植物生态防护为主、工程防护为辅，确保路基稳定并与生态环境相协调。

在弃土场的选择上，为保证公路运行及沿线群众的生产、生活安全，尽量将渣场布设在山凹地或上游来水较少的沟谷中，同时尽量少占用耕地，充分利用荒坡、荒地。

桥梁设计则在保证结构合理性与安全性的基础上，充分考虑桥面驾驶人员的视觉感受，特别注重桥型设计与周围自然景观相协调；隧道设计则本着“早进洞、晚出洞”“零开挖、零埋深”“不破坏就是最大的保护”等原则确定洞口位置，使洞口与自然环境融为一体。

这条高原新天路在设计、建设中还格外重视工程结构的安全可靠性，从设计源头上便突出了公路的防灾避灾、抗震减灾等功能。

精细管理，品质工程新名片

在高海拔高寒地区建设公路，既要攻克巨大的技术难题，又要克服高原特殊气候、地质条件给施工人员带来的重重考验。面对世界上海拔最高的高速公路，建设者在工程施工管理中面临前所未有的挑战。

据介绍，那拉高速公路在建设过程中积极推行应用新技术、新材料、新工法，坚持管理与科技创新，按照“管理精细化、质量品质化、进度目标化、安全制度化、环保措施化”的要求开展施工管理。

在质量管理方面，严格落实施工规范，确保每道工序的施工质量都达到验收标准。实行质量一票否决制，严格三检制度，不允许上道工序未验收或验收不合格的进行下道工序施工；严把材料质量关，不允许不合格材料进场，严格首件（试件）认可制度；严格质量控制过程，做到细化事前控制、强化事中控制和重视事后控制，不留

附图 8　国道 109 线那羊段实景

质量隐患，全过程实现了对工程质量的把控。

在安全管理方面，严格按照法律法规及交通运输部、西藏自治区相关规定，建立了安全管控体系，项目指挥部与各参建单位分别签订《安全生产责任书》。严格执行“平安工地”和“红黄牌”考核管理办法，全面落实安全生产“三同时”制度，各标段安全生产标准化全部达标并取得相关证书；各参建单位全部建立健全了科学、合理、具有可实施性的安全管理专项方案、预案及安全生产管理制度。

在环、水保管理方面，项目从开工前就做足功课，指挥部要求所有参建单位加强培训教育，做好环保、水土保持现场管理的前期工作，成立安全、环保、水土保持工作小组，健全制度、明确职责、加强监督。项目指挥部与各参建单位签订环保责任书，严格按照西藏自治区生态环境厅及地方环保部门相关工作要求，确保水土、环境保护到位，实现了工程建设中生态和经济、社会的和谐统一、协调发展。

在建设过程中，项目指挥部和各参建单位始终以“创建品质、保障安全、绿色生态、科技引领、民族特色、社会认可”为目标，通过精细化管理、科学施工，高质量地完成了建设任务，为西藏交通运输行业打造了一张漂亮的新名片。

科技支撑，高原筑路新引擎

藏北高原属于亚寒带地区，高寒缺氧、风沙大、太阳辐射强、昼夜温差大，且那拉高速公路几乎全线穿越季节性冻土区，施工难度极大，但这也激发了工程技术团队

附图9 沥青摊铺

攻坚克难的斗志。依托那拉高速公路工程的建设，技术团队开展了一系列有针对性的科研工作，全面提升了青藏高原公路工程建设的技术水平。

为破解特殊气候条件下路面施工的技术难题，工程项目部成立了以交通运输部青年科技英才、广东华路交通科技有限公司高工李善强博士为组长的五人科研攻关团队。他们以那拉高速公路建设工程为依托，扎根一线，开展藏北地区高速公路沥青路面品质提升关键技术研究。历时500多天，攻关团队终于研发出一套适合当地实际，又可复制推广的路面施工关键技术，包括集料高规格加工，沥青指纹检测，强骨架密实级配优化设计，低氧环境下拌和楼效率提升、多变天气下沥青混合料保温及路面平整度控制，基于红外热像、三维激光、三维雷达的全断面全深度施工均匀性控制技术等14项创新技术。这些研究成果的应用，大幅提升了那拉高速公路路面工程品质，降低了路面养护维修费用，还可减少道路频繁维修带来的交通拥堵及不良社会影响。

此外，工程建设中开展的高海拔高寒地区高等级公路安全保障关键技术研究，通过分析各种驾驶环境下驾驶员的生理数据，建立了驾驶主动安全预警系统，对驾驶员的高原反应等不良情况可及时发现并进行预警，从而有效预防因高原恶劣驾驶环境影响驾驶员判别能力而诱发的交通事故。

青藏高原太阳能资源极为丰富，科研团队根据这一特点积极开展高等级公路服务区绿色建筑太阳能利用设计原则及关键技术研究。该项研究提出了服务区供暖热负荷计算指标及方法；提出了太阳能集热系统设计参数、太阳能蓄热装置设计参数、辅助供暖装置设计参数、太阳能系统自动控制设计参数等，详细分析了各关键设计参数的影响因素及合理取值；结合西藏气候特点和供暖需求，对那曲至羊八井段太阳能资源进行了深入研究，实现了在青藏高原高海拔地区服务区实施绿色建筑太阳能供暖的目标。

为提高交通标线的使用耐久性和检测技术水平，科研人员还开展了西藏地区热熔型路面标线耐久性提升及相关检测技术研究，并结合西藏的气候特性，开展了路面标线病害影响因素和机理的研究。针对标线逆反射亮度指标快速检测的研究进行了前期实际调研，并在部分路段开展现场检测试验，为今后的研究工作提供了大量数据。

那拉高速公路在建设过程中坚持科技创新，取得了丰富的研究成果，破解了工程建设中的一系列难题，支撑了工程建设，提升了西藏公路基础设施的安全性、舒适性、高效性，取得了重大的经济效益和社会效益。

惠民利民，脱贫攻坚新篇章

今年 25 岁的嘎玛洛卓 2018 年 6 月从西藏大学毕业后进入那拉高速公路那羊段二标一分部项目部工作。经过 3 年的历练，如今，嘎玛洛卓已经成长为一名能够在工作中独当一面的技术员。现在他的月工资平均达到 1.5 万元，每个月都能给父母 1 万元，使家庭的生活水平得到明显改善。

“我非常感谢师父和同事们对我的帮助。”嘎玛洛卓对自己的职业选择和目前的生活状况都非常满意。他忘不了刚参加工作时在桑曲河特大桥施工中，对他言传身教的汉族队长，也忘不了每一段工作经历中帮助过自己的各族同事。他从大家艰苦奉献的工作状态中深切地感受到“两路”精神的内涵，并且也严格要求自己刻苦钻研，不断进步。

如今的他正在努力向党组织靠拢，还动员自己的弟弟也报考了交通运输专业。他期待着兄弟俩将来携手在西藏交通运输领域干一番事业，并且能更好地改善家庭生活。

那拉高速公路建设项目为一批年轻的藏族大学生提供了施展才华的舞台，工程建设过程中共吸纳西藏籍大学生 85 人。这些大学生在各族同事的帮助下快速成长，像

附图 10　路面检测

附图 11　路面标线施工

雄鹰一样拥有了展翅翱翔的广阔天地。

而曾经的贫困户、那曲市色尼区古露镇俄玛村村民索罗也在那拉高速公路工程建设项目上寻找到人生新的可能性。索罗家世代放牧为生，他的生活从2018年6月开始发生了变化。当时那拉高速公路那羊段刚刚开工，在当地扶贫工作人员推荐下，索罗到那羊段二标一分部路基三队工作。因为他工作认真负责，又被介绍到二标项目部工作，参与路基防护施工。很快，他就从不会说汉语到能与汉族同事顺畅交流，并且熟练掌握了工程上的钢筋绑扎、模板使用等操作技术。

2020年，他开始在沥青拌和站带班，带领几个同乡把沥青拌和站的工作做得井井有条。经项目部严格选拔，索罗的儿子尊珠也在高速公路上担任了保通员一职，确保工地车辆的安全通行。父子俩在工地上的年收入超过了10万元，家庭很快实现了脱贫。在他的带动下，共有20多位当地牧民到那拉高速公路工地上就业。

在那拉高速公路工作几年，索罗与工地建立了深厚的感情，他非常喜欢和汉族同事交往，天气不好的时候经常请同事们到路边的家里取暖、喝酥油茶，项目部有需要时他也总是有求必应。

“那拉高速公路让我的生活越来越好，通车后我还想继续靠公路谋生。”索罗打算

附图12　那拉高速公路上跨109国道、青藏铁路

以后在这条路上跑运输，或者在公路边和乡亲们一起办“牧家乐”，为过往游客服务，他也期待有机会能跟着项目部的汉族同事去祖国其他地方干工程。他对这些朝夕相处几年的汉族同事非常信任，能跟他们一起去开开眼界是他内心一份全新的愿望。

附图 13　参建牧民和同事在现场工作

索罗讲述在工地上的经历时满脸笑容，他通过自己的不懈努力，在那拉高速公路边把生活过得像酥油茶一样香醇。像他一样在那拉高速公路项目上工作并实现脱贫的牧民还有很多。那拉高速公路各参建单位积极吸纳沿线各地的农牧民就业，租用当地的机械、运输车辆等，致力于为沿线农牧民群众脱贫致富提供就业岗位、拓宽增收渠道。在工程建设过程中，共计吸纳农牧民就业 10404 人次，帮助农牧民创收 7866.91 万元；使用当地机械 1107 台，帮助当地创收 1.9 亿多元；使用当地运输车辆 2443 辆，帮助当地创收 2.4 亿元。同时，工程项目部还对当地青壮年农牧民群众进行不定期的“一对一”技术培训，为当地农牧民转型为新型产业工人作出了贡献。

那拉高速公路在雄浑的藏北高原上，为促进脱贫攻坚和民族团结，书写了动人的新篇章。

（特约记者：刘步阳、冯涛，《中国交通报》记者：王俊峰）